Juan Carlos Ortiz, Was er euch sagt, das tut

Juan Carlos Ortiz

»Was er euch sagt, das tut«

Heute mit Jesus leben

VERLAG JOHANNES FIX
7060 Schorndorf

Aus dem Amerikanischen übersetzt von Reinhilde Klatte
Umschlaggestaltung: Studio F
Originaltitel: Living with Jesus today

1. Auflage Juni 1985

Gesamtherstellung Ebner Ulm

ISBN 3-87228-132-1

Inhaltsverzeichnis

1. Das chronische Kleinkindstadium des Gläubigen

Wir haben es heute in der Kirche mit einem Phänomen zu tun, das ich »das chronische Kleinkindstadium des Gläubigen« nennen möchte.

Wir haben Mitglieder in unseren Gemeinden, die jahrelang Predigten und Botschaften hören und doch unverändert bleiben. Sie brauchen fortwährend jemand, der sich um sie kümmert – ihnen die Windeln wechselt, sie pudert und aufpaßt, daß ihre Milch nicht zu heiß ist. Die Gemeinde gleicht mehr einem Hospital als einem Stoßtrupp.

Manchmal täuschen wir uns darüber hinweg, weil wir zahlenmäßig wachsen. Wir meinen, das sei Wachstum. Aber die Zunahme an Mitgliedern ist nicht mit geistlichem Wachstum gleichzusetzen. Friedhöfe wachsen auch zahlenmäßig. Wenn wir hundert Leute ohne Liebe haben und dann auf zweihundert ohne Liebe anwachsen, dann haben wir uns lediglich vermehrt.

Oftmals erkennen wir sogar die Situation, wissen aber nicht, wie wir Abhilfe schaffen sollen.

Wir sagen unseren Leuten: »Ihr solltet mehr Frucht für Jesus bringen. Ihr solltet die Tugenden Gottes ausleben. Ihr solltet mehr Liebe, mehr Frieden haben.« Aber von Babys können wir derartige Qualitäten nicht erwarten. Sie sind nur bei Erwachsenen zu finden.

Diese Klage hat schon Paulus geführt, als er den Mangel an geistlichem Wachstum bei der Gemeinde in Korinth festgestellt hat. »Ihr seid noch Säuglinge«, schrieb er ihnen.

An die Galater schrieb er, daß er um ihretwillen noch einmal die Geburtsschmerzen durchleiden müsse.

Und wenn den Leuten, an die der Hebräerbrief gerichtet war, gesagt wird, daß sie Lehrer nötig hätten, die mit ihnen

die Grundprinzipien noch einmal durchgehen, dann deshalb, weil sie nur Milch vertragen statt fester Nahrung.
Ich habe eine kleine Tochter. Sie heißt Georgina. Wenn ich zu ihr sagen würde: »Georgina, schenk mir Enkelkinder«, dann könnte sie mir, auch wenn ich für sie bete, für sie faste, ja sie sogar verprügele, keine Enkel schenken. Nicht etwa, weil sie ungezogen oder gar rebellisch ist, sondern einfach, weil sie noch ein Kind ist.
Natürlich, wenn sie erwachsen ist, kann sie mir Großkinder schenken, auch ohne Beten und ohne Fasten, als natürliche Frucht des Wachstums.
Als ich acht oder neun Jahre alt war, bekam unsere Gemeinde Besuch von einem Prediger, der einen schönen Bart trug. Bärte waren damals noch nicht so verbreitet wie heute. Es war sehr ungewöhnlich, einen Bart zu tragen. Ich verliebte mich in den Bart. Der Mann sah für mich wie ein Prinz aus!
Deshalb fing ich an, Gott um einen Bart zu bitten. Und ich erinnere mich, daß ich an einem Tag nicht nur gebetet, sondern sogar gefastet habe.
Meine Mutter hat mich gefragt: »Johnny, willst du heute nichts essen?« Ich habe geantwortet: »Nein, Mama, ich faste.«
»Aber warum fastest du?«
»Meine Bitte ist ein Geheimnis«, erklärte ich.
Der Bart kam nicht, obwohl ich gebetet und gefastet hatte. Aber als ich 16 war, kam der Bart ohne Beten und Fasten als Resultat des natürlichen Wachstums und der natürlichen Entwicklung.
Mit der Gemeinde verhält es sich genauso. Wachstum resultiert aus Leben. Wenn wir geistlich lebendig sind, wachsen wir in der Liebe, in der Freude, im Frieden, in der Geduld, in der Freundlichkeit und in allen Tugenden Christi. Sie sind die natürliche Frucht geistlichen Lebens, und keine noch so große Anstrengung unsererseits kann sie produzieren.

Einer der Hauptgründe für den Mangel an Wachstum in der Gemeinde ist die Tatsache, daß wir begriffszentriert und nicht lebenszentriert sind. Wir sind uns sehr unserer Lehrmeinung, unserer theologischen Richtung und unserer Prinzipien bewußt.

Was meine ich, wenn ich behaupte, daß wir begriffszentriert sind?

Nehmen wir an, Sie würden mich bitten, eine Bibelarbeit über Freude zu halten. Natürlich werde ich das gern tun. Ich gehe in mein Zimmer, nehme eine Konkordanz zur Hand und suche unter dem Stichwort »Freude«. Ich schreibe alle Verse über Freude auf. Oh, wie viele es gibt! Dann greife ich diejenigen heraus, die zu meiner Auslegung passen und lasse den Rest weg.

Dann schaue ich im griechischen Lexikon nach. Was bedeutet Freude im Griechischen? Wunderbar! Nun im Hebräischen. Oh, das ist noch besser. Dann lese ich noch nach, was Spurgeon, der große englische Baptistenprediger um 1800, über Freude gesagt hat. Ausgezeichnet! Und ich lese bei Whitefield und bei Shakespeare nach.

So stelle ich meine Ausarbeitung zusammen. Dann komme ich in die Versammlung und sage: »Geschwister, heute wollen wir über Freude sprechen.

Freude hat im Griechischen eine andere Bedeutung als im Deutschen, weil griechisch eine reichere Sprache ist. Aber das Hebräische hat noch mehr Tiefe als das Griechische.

Abraham sagte über Freude... Jesus sagte über Freude... Paulus sagte über Freude... Spurgeon sagte über Freude...«

Dann sagen die Leute: »War das eine Auslegung über Freude! Vielen Dank, Pastor.«

Und irgend jemand kommt und sagt: »Das war eine so gewaltige Botschaft über Freude, Bruder Ortiz. Können wir Ihre Notizen darüber haben?«

»Ja, am besten machen wir Fotokopien und verteilen sie.«

Dann falten die Leute diese Notizen sorgfältig und legen sie hinten in ihre Bibeln und vergessen sie.
Aber niemand hat die Freude! Alle haben den Begriff Freude, aber nicht die Lebendigkeit der Freude.
Was besitzen wir? Nur den Begriff oder ihn, der das Leben ist?
Die Denomination zu der ich gehöre, entschied sich, den Weg mit einer anderen Denomination zusammenzugehen. Alles ging gut, bis wir zahlenmäßig wuchsen und anfingen, unsere Statuten zu schreiben.
Wir trafen uns in einem Komitee. Als der Punkt »Heiligung« an der Reihe war, sagten wir, daß wir an Heiligung glauben. Die andere Denomination sagte aber: »Nein, wir möchten, daß festgehalten wird, daß wir an sofortige Heiligung glauben.«
»Was bedeutet das?« fragten wir.
»Nun, daß wir sofort, in einem Augenblick geheiligt sind.«
»O nein, Ihr Lieben!« antworteten wir. »Wir glauben an wachstumsmäßige Heiligung.«
Ich verstand die Ausdrucksweise meiner Freunde nicht, weil ich mich nie zuvor damit beschäftigt hatte. Deshalb sagte ich: »Warum nehmen wir nicht beide Begriffe in die Satzung auf: ›Wir glauben an sofortige und an wachstumsmäßige Heiligung.‹«
»O nein, nein!« kam die Antwort.
So kam es zur Uneinigkeit. Die Folge war, daß keine der beiden Gruppen heilig war in der Art und Weise, wie sie sich verhielt. Wir hatten lediglich eine Lehrmeinung zu einem Begriff, aber das Leben, das diesen Begriff umfaßt, fehlte uns.

Anscheinend haben manche Leute die Vorstellung, daß Sankt Petrus uns ein Blatt Papier und einen Bleistift in die Hand drücken und zehn Fragen stellen wird, wenn wir an die Himmelspforte kommen. »Wenn du sieben von zehn richtig beantwortest, kommst du direkt in den Himmel. Wenn du weniger als sieben, aber mehr als vier korrekt beantwor-

test, kommst du ins Fegefeuer. Bei weniger als vier richtigen Antworten kommst du direkt in die Hölle.«
»Frage Numero eins: ›An welche Taufe glaubst du? An die Taufe durch Untertauchen, durch Besprengung oder durch Abwaschung? An die Taufe im Namen der Dreieinigkeit oder im Namen Jesu allein? An die Taufe durch einmaliges oder durch dreimaliges Untertauchen?‹ Bitte die richtige Taufe ankreuzen.«
Was für ein Problem! Man kann auch von niemandem abschreiben, weil rechts von einem ein Mitglied der Heilsarmee steht, auf der anderen Seite ein Anglikaner und man selbst ist Baptist. So werden nun alle drei eine andere Antwort haben! Aus solcherlei Meinungsverschiedenheiten machen wir große Probleme, und das führt zu Spaltungen im Leib Christi. Dabei kommt es nicht auf die richtige Taufpraxis an, sondern vielmehr auf Jesus in deinem Herzen.
Im Himmelreich wird es keine Tests über Lehrfragen geben. Petrus wird uns auch nicht mit Papier und Bleistift empfangen. Er hat vielmehr ein Stethoskop zum Abhören des geistlichen Herzschlags.
Vielleicht kommst du mit all deinem Wissen über Lehrfragen dort oben an und fragst: »Petrus, wo ist der Schreibtisch, an dem ich meinen Test schreiben kann?«
Doch Petrus nimmt nur sein Stethoskop zur Hand und horcht dich ab. »Tick, tick, tick, tick.«
»Komm herein.«
»Aber was ist mit dem Test?«
»Den brauchen wir nicht. Du hast Leben aus Jesus Christus, deshalb gehörst du hierher.«

Errettung ist der Schritt vom Tod ins Leben. »Aber wir wissen, daß wir vom Tod ins Leben gekommen sind, wenn wir Liebe untereinander haben.« Liebe ist die Äußerung des Lebens. Doch gewöhnlich ist es bei uns so, daß Haß statt Liebe aufkommt, wenn jemand etwas anderes glaubt als wir selbst.

Ich bin nicht gegen Theologie. Was ich aber betonen möchte, ist die Tatsache, daß du die beste Theologie haben kannst, doch wenn du kein Leben hast, bist du verloren.
Lehrsätze können ihren Platz haben, aber nicht den ersten Platz. Der gebührt allein Jesus. »Wer den Sohn hat, der hat Leben.« Es heißt nicht: »Wer die richtigen Lehrsätze hat, hat Leben.« Leben hat der, der die alleingültige Person hat.

Wenn wir ihn in unserem Herzen haben, und wenn wir unseren Weg im Bewußtsein dieser Tatsache gehen, dann beginnen wir geistlich zu wachsen. Wir werden ihm ähnlicher. Sein Leben in uns zeigt sich zunehmend in der Art, wie wir leben. Paulus sagt, daß wir von einer Herrlichkeit zur andern verwandelt werden in sein Bild durch den Geist des Herrn.

Wenn deine Freude dann weicht, wenn Probleme auftreten, dann muß sie noch so lange wachsen, bis sie überfließt und durch nichts mehr vertrieben werden kann. Du mußt geistlich wachsen in der Liebe, in der Freude, im Frieden, in der Geduld.

Wenn du heute mehr lieben kannst als gestern, dann bedeutet das, daß du gewachsen bist. Nicht, daß du heute mehr richtige Lehre aufweisen kannst als gestern: das würde nur deinen Intellekt aufblähen.

Vor Jahren verhielt ich mich noch so: Wenn jemand schlecht über mich redete, fing auch ich an, schlecht über ihn zu reden.

Später kam das Stadium, daß ich nur noch mit den Zähnen knirschte, wenn jemand schlecht über mich sprach, aber meinen Mund hielt. Das war schon besser.

Und dann kam der Tag, da konnte ich, wenn jemand schlecht über mich sprach, anfangen, den Herrn zu preisen. Das war Wachstum.

Nein, wir brauchen nicht zu beten und zu fasten und uns abzumühen, um so wie Jesus zu werden. Wachstum entsteht organisch, wenn wir Jesus als Mittelpunkt unseres

Lebens haben und wissen, daß er in uns lebt. Es ist sein Leben, das Frucht in uns wirkt.
Das Volk Israel war anders als die anderen Nationen, weil es das Volk Gottes war. Es war ein Königtum von Priestern, die Gott durch die Propheten im Geist führte. Aber es wollte sein wie andere Völker mit Königen, die ihre Kämpfe ausfochten.
Es ist traurig, aber die Gemeinde ist auch der Versuchung erlegen, zu sein, wie jede andere Religion.
Was ist eine Religion?
Eine Religion hat einen Religionsstifter – z. B. Mohammed, Buddha, Konfuzius, Zarathustra. Der Religionsstifter sagt Dinge, die in einem Buch aufgeschrieben sind. Stirbt der Begründer, hinterläßt er das Buch, und seine Nachfolger nehmen es und versuchen zu befolgen, was es anordnet.
Die Mohammedaner haben den Koran. Sie entnehmen ihre Lehre diesem Buch. Sie sind »arm« im Vergleich zu uns! Sie haben nur vier Strömungen und Richtungen in der Auslegung.
In unserer christlichen Religion haben wir einen Begründer, Jesus Christus, der vor langer Zeit gestorben ist. Was er gelehrt hat, ist in der Bibel aufgezeichnet. Und nun nehmen wir alle unsere Lehrmeinungen aus der Bibel, als sei er genauso tot wie Mohammed.
Deshalb haben wir die Calvinisten und die Lutheraner. Wir haben die Kinder-, die Glaubens- und die Erwachsenentaufe. Es gibt so viele verschiedene Richtungen in ein und derselben Religion. Und wir kämpfen gegeneinander und bewerfen uns mit Bibelversen.
Wir verhalten uns so, als sei unser Gründer auch tot, wie die Stifter der anderen Religionen. Auf diese Weise ziehen wir Christus auf dieselbe Ebene herunter. Wir beklagen uns darüber, daß die Mohammedaner Jesus auf dieselbe Ebene stellen wie Mohammed; aber genau das tun wir selbst auch, weil Christus für uns nur das ist, was Mohammed für sie ist.
Wir tun so, als habe Jesus kein Wort für unsere heutige

Situation. Er kann heute nichts mehr ausrichten. Er lebt nicht mehr. Wir haben sein Buch, und das ist alles. Aber gelobt sei Gott für dieses Buch. Denn dieses Buch, die Bibel, sagt uns, daß er lebt!
Der große Unterschied zwischen uns und anderen Religionen ist der, daß unser Gründer lebt und das Haupt der Gemeinde ist. Das Schlimme ist nur, daß wir ihn nicht allzuviel tun lassen. Und das, obwohl wir alle darin übereinstimmen, daß er das Haupt der Gemeinde ist. In Wirklichkeit kann er doch nicht regieren, weil alles durch unsere Komitees und Ausschüsse festgelegt ist.
Die Gemeinde weiß nicht, wie sie sich verhalten soll, wenn der Geist etwas in Bewegung bringen will. »Was ist das?« sagen wir. »Wir müssen vorsichtig sein.«
Panik entsteht. Probleme tauchen auf. Es kommt zu Spaltungen. Warum? Weil nur zu oft unsere Gemeindestrukturen nicht für einen lebendigen Christus geschaffen sind. Sie passen eher zum Trauerhaus eines toten Religionsstifters.
Im Gottesdienst hören wir Predigten über die Samariterin am Jakobsbrunnen, über Zachäus, über die zehn Aussätzigen, über die Verfluchung des Feigenbaums, über die Stillung des Sturms auf dem See Genezareth, über den blinden Bartimäus und über das Brotwunder; und dann wieder über die Samariterin, über Zachäus, die zehn Aussätzigen und die Verfluchung des Feigenbaums; und wieder über die Samariterin und Zachäus ... so, als habe Jesus nichts getan, seit er gestorben ist.
Unsere Predigten müssen unseren Herrn regelrecht langweilen. Sie hören sich nur zu oft wie Trauerreden an, wie wenn wir bei einer Beerdigung über das sprechen, was der Verstorbene getan hat, als er noch lebte.
Ein Universitätsstudent, der in unserer Gemeinde zum Glauben gekommen war, sagte einmal zu mir: »Bruder Ortiz, in den ersten sechs Monaten meines Glaubens habe ich in der Gemeinde immer mehr dazugelernt. Nach sechs Monaten aber stellte ich fest, daß ich an dem Punkt ange-

kommen war, daß ich alles das wußte, was die anderen auch wußten. Ich wußte Bescheid über die Wiederkunft Jesu, über die Große Trübsal, über die Wiedergeburt und die Dreieinigkeit. Von da an war alles nur noch Wiederholung und Auffrischung.«

Viele Leute gehen nicht in die Kirche, weil es ihnen langweilig wird; nicht, weil die Gottesdienste schlecht sind, sondern weil sie immer in der gleichen Form ablaufen. Dieselben Lieder, dieselben Botschaften, die gleiche Liturgie.

Man muß schon viel Geduld haben, wenn man immer wieder zu denselben Veranstaltungen hingehen soll. Sogar Gott muß viel Geduld haben!

Viele Leute drehen sich nur um die Aktivitäten der Gemeinde und nicht um Jesus Christus. Wir gehen zum Gottesdienst, und von dort gehen wir in eine Bibelklasse und von dort zu einer Gebetsgemeinschaft. Wir sind fortwährend bei irgendwelchen Veranstaltungen.

Wir messen sogar unsere Frömmigkeit an der Teilnahme solcher Veranstaltungen. Jemand, der an allen Veranstaltungen teilnimmt, ist sehr geistlich. »Oh, er ist ein guter Christ. Er nimmt an allen Veranstaltungen teil.«

Wenn er aber nicht überall dabei ist, heißt es: »Er ist lau geworden.«

Ich bin nicht gegen Veranstaltungen. Aber ich frage mich, was mit uns geschehen würde, wenn heute alle Kirchen geschlossen würden. Was würde mit unserer Religion passieren? Christus, nicht unsere Veranstaltungen, müssen das Zentrum unseres christlichen Lebens sein.

Ist es überhaupt verwunderlich, daß wir nicht mehr Wachstum beim Volk Gottes sehen, wenn wir uns nur um Aktivitäten, statt um den lebendigen Christus drehen?

Aber Gott sei Dank, es gibt heute weltweit Menschen, die nicht damit zufrieden sind, wie sie sind. Sie sind es leid, zu versuchen, wie Jesus zu leben und sich fortwährend wie

Versager vorzukommen. Sie erkennen ihren Mangel an Liebe, ihren Mangel an Freude, und sie sehnen sich nach einer persönlichen Begegnung mit ihm, damit sie die lebendigen Briefe werden, die sie sein sollen.
Wir brauchen eine neue Generation von Christen, die weiß, daß die Gemeinde auf eine Person ausgerichtet ist, die mitten unter ihr lebt.
Jesus hat uns bei seiner Himmelfahrt nicht mit einem Buch zurückgelassen und uns gesagt: *»Ich lasse euch die Bibel. Versucht, alles über mich herauszufinden, indem ihr Konkordanzen und Kommentare ausarbeitet. Tschüß.«*
Nein, das hat er nicht gesagt. Er hat uns vielmehr zugesagt: »Siehe, ich bin bei euch alle Tage«, und »Wo zwei oder drei in meinem Namen versammelt sind, da bin ich mitten unter ihnen.« Er hat uns nicht als Waisen zurückgelassen. Er ist in uns. »Ich will euch nicht ohne Trost zurücklassen, ich werde bei euch sein. Ich lasse euch nicht mit einem Buch allein zurück. Ich bin da, in euren Herzen.«
Paulus betete, daß Gottes Leute sich darüber klar sein möchten, daß Christus in ihren Herzen lebt durch den Glauben, damit sie durch den Heiligen Geist am inwendigen Menschen gestärkt werden.
Wir müssen es heute wissen, daß Christus in uns lebt. Wir müssen es wissen, daß wir nicht länger auf uns selbst gestellt sind, sondern daß Christus heute unser Leben ist. Wir müssen es uns klarmachen, daß er jetzt in uns lebt, weil unser altes Ich mit ihm gekreuzigt worden ist.
Weil er unser Leben ist, haben wir auch seinen Charakter in uns. Wir brauchen nicht zu versuchen, durch eigene Anstrengung zu kopieren, was die Bibel über die Art und Weise aussagt, in der Jesus gelebt hat. Wir brauchen nicht zu fasten und zu beten, damit er uns mehr Liebe, mehr Freude, mehr Frieden gibt. Wir müssen nur wissen, daß wir den Herrn dieses Buches in uns haben, und daß er alle diese Dinge in sich vereinigt.
Wenn wir das wissen, stellt sich bei uns das Wachstum ganz

natürlich ein. Veränderung kommt in unser Leben, wenn mehr von Christus in uns sichtbar wird. Nur dieses Offenbarwerden Christi in uns kann Wachstum an geistlichen Früchten bewirken.
»Richte deinen Blick auf Jesus«, singen wir. In diesem Buch wollen wir unseren Blick auf Jesus richten – als auf unseren Retter und unser Leben, sowohl für uns als einzelne als auch für uns als seine Gemeinde.
Er muß der Mittelpunkt der Gemeinde sein, er selbst, das pulsierende Leben!
»Herr Jesus, wir richten unsere Augen und Herzen auf dich, damit wir sicher sind, daß wir dein Leben in uns haben, und damit wir dann dieses Leben im Glauben leben.«

2. Der Schleier über dem historischen Jesus

Wenn ich die Briefe des Neuen Testaments lese, stelle ich einen enormen Unterschied fest zwischen dem Christus, den Paulus der Welt präsentiert hat, und dem Christus, den die Gemeinde heute verkündigt.
Paulus schreibt in 2. Korinther 5, 16: »Darum kennen wir von nun an niemand mehr nach fleischlicher Weise; und ob wir auch Christus früher nach fleischlicher Weise erkannt haben, so erkennen wir ihn doch jetzt so nicht mehr.«
Wenn Paulus das Evangelium gepredigt hat, dann hat er nicht den Christus der vier Evangelien verkündigt.
An keiner Stelle spricht er von der Samariterin, von der Speisung der 5000 oder von der Auferweckung des Lazarus. Statt dessen proklamiert er den auferstandenen Christus, der heute lebt, vor dem sich letztlich jedes Knie beugen und jede Zunge bekennen wird, daß er der Herr ist, verherrlicht zur Ehre Gottes des Vaters.
Wenn die Gemeinde das Evangelium predigt, dann präsentiert sie oft nur den Christus der vier Evangelien – den Jesus mit Bart und Sandalen, der auf dem See Genezareth gewandelt ist, der den Feigenbaum verflucht und die zehn Aussätzigen geheilt hat.
Die Gewichtung in der Urgemeinde war aber eine völlig andere.
Schauen wir uns an, was der Schreiber des Hebräerbriefes geschrieben hat: »Weil wir denn nun, liebe Brüder, durch das Blut Jesu die Freiheit haben zum Eingang in das Heilige, welchen er uns bereitet hat als neuen und lebendigen Weg durch den Vorhang, das ist durch sein Fleisch, und haben einen Hohenpriester über das Haus Gottes: so lasset uns hinzugehen mit wahrhaftigem Herzen in völligem Glauben,

besprengt in unseren Herzen und los von dem bösen Gewissen und gewaschen am Leibe mit reinem Wasser« (Hebräer 10, 19–22).
Das Leben, das Jesus auf Erden gelebt hat, sollte dazu dienen, uns ein völlig neues Verhältnis zu Gott zu eröffnen. Wir sollten ihn kennenlernen, wie er jetzt ist, und in einem lebendigen, immer frischen Verhältnis zu ihm stehen. Sein Erdenleben war gewissermaßen das Tor zu dem neuen Weg, auf dem wir ihn jetzt erleben können.
Darum habe ich mich schon oft gefragt, warum die Gemeinde allgemein nur den Christus der vier Evangelien und nicht den Christus des Heute verkündigt.
Der Christus, den Paulus gepredigt hat, sagte zum Abschied: »Siehe, ich bin bei euch alle Tage, bis ans Ende der Welt.« Dieser Christus ist ewig, und er ist noch heute bei uns! Er hat gelebt, bevor er auf die Erde kam, und er lebt auch jetzt, lange nach seiner Himmelfahrt.
Warum bestehen wir heute, fast 2000 Jahre später, darauf, den historischen Jesus darzustellen? Wie kommt es, daß wir in fast jeder Predigt von dem Jesus der Vergangenheit predigen?
Das Bild des Jesus im Fleisch ist tatsächlich das schwächste Bild unseres Herrn. Die Bibel sagt von jenen 33 Jahren seines Erdenlebens, , daß Christus »sich entäußerte«. In Philipper 2, 5–11 schreibt Paulus, »daß Jesus, obwohl er in göttlicher Gestalt und Gott gleich war, Knechtsgestalt annahm und gleich ward wie ein anderer Mensch und an Gebärden als ein Mensch erfunden«. 33 Jahre lang entäußerte er sich selbst. Die spanische Bibel drückt das so aus: »Er machte sich zu nichts.«
In welcher Rolle haben die Menschen Jesus auf Erden kennengelernt?
Heute hat er »einen Namen, der über alle Namen ist, und in dem Namen Jesu sollen sich beugen aller derer Knie, die im Himmel und auf Erden und unter der Erde sind«. Aber auf Erden war Jesus nur als der Zimmermann bekannt. Der

ewige, glorreiche Christus wurde wie einer von uns, wie ein Diener – er wurde zu nichts.
Der Christus, der ohne Ansehen war, »demütigte sich und wurde gehorsam bis zum Tod, ja bis zum Tode am Kreuz«.
Er ließ sich nicht nur herab, unter uns Menschen zu leben. Er wurde sogar in einem Stall geboren wie ein Tier. Er verbrachte sein Leben unter Sündern – Zöllnern und Prostituierten. Dann wurde er wie ein Schwerverbrecher gekreuzigt und sogar in einem fremden Grab begraben!
Auf Erden war Jesus der Bärtige in Gewand und Sandalen – ein Mann ohne Ansehen. So ist es eigentlich nicht erstaunlich, daß wir von manchem, was er tat, sehr beeindruckt sind, weil es uns großartig erscheint.
Wir sind sehr beeindruckt von Jesu Macht, z. B. als er den Feigenbaum verfluchte und der Baum dann verdorrte. Aber was bedeutet die Verfluchung eines Feigenbaums für den, der den ganzen Garten Eden geschaffen hat. Ist es, in diesem Licht betrachtet, wirklich ein so großes Wunder?

Man kann sich ausmalen, wie die Engel im Himmel Jesus mit dem Fluch über den Feigenbaum geneckt haben mögen. »Ist dir nichts Besseres eingefallen, als den Feigenbaum zu verfluchen?« Für sie war das gar nichts. Aber für uns ist es natürlich eine große Sache.

Er stillte auch den sturmgepeitschten See Genezareth. Die Juden sprechen vom Galiläischen Meer, weil es das einzige Süßwasserreservoir im Lande ist. In Wirklichkeit ist es nur ein kleiner See. Was bedeutet es nun für den Schöpfer der Galaxien, die Wasser eines Sees zur Ruhe zu bringen? Wenn du ein Glas Wasser in der Hand hältst und einen »Sturm im Wasserglas« erzeugst, dann kannst du ihn auch in einer Minute – ja, in wenigen Augenblicken – zur Ruhe bringen. Nein, es war für Christus nichts Ungewöhnliches, so mit dem See Genezareth zu verfahren. Aber wir sind ungeheuer beeindruckt!
Warum sind wir so beeindruckt?

Weil wir Jesus nach dem Fleisch kennen. Wir sehen ihn nur aus dem Blickwinkel des fleischgewordenen Menschen, nicht aber aus dem Blickwinkel des Geistes. Für jene 33 Jahre hat er seine Herrlichkeit aufgegeben und wurde einer von uns – ein Baby, ein Zimmermann, ein Prediger. Doch was sind 33 Jahre verglichen mit der Ewigkeit? Man könnte genausogut fragen, was sind 33 Pfennige für einen Millionär?

Doch es hat den Anschein, als umfasse alles, was wir von Christus wissen, nur die Zeitspanne jener 33 Jahre auf Erden. Unser ganzes Sonntagsschulmaterial basiert auf diesen Jahren. Ich wurde praktisch in die Gemeinde hineingeboren. Meine Mutter übergab ihr Leben Christus, ehe ich geboren wurde. Ich ging also, solange ich zurückdenken kann, in die Sonntagsschule. Jede Woche war ich da, und immer wieder hörte ich denselben Stoff.

Alle fünf Jahre war der Lehrplan abgelaufen und ich hörte alles wieder von vorne. Ich kannte jede Lektion, die dran kam, und sie alle handelten von den 33 Jahren der Erniedrigung Jesu auf dieser Erde. Genauso ist es mit dem Kirchenkalender. Wir fangen mit Weihnachten an. Dann kommt die Geschichte vom 12jährigen Jesus. Dann seine Taufe, die Versuchung, die Gleichnisse und Wunder und zuletzt die Kreuzigung, Auferstehung und Himmelfahrt. Dann kommt wieder Weihnachten, der 12jährige Jesus, die Taufe, die Versuchung, die Wunder, die Kreuzigung, die Auferstehung, die Himmelfahrt und . . . wieder Weihnachten . . .

Als ich auf dem Seminar war, gab es dort ein Studienfach, das nannte sich »Christologie« – »das Leben Christi«. Möchtest du wissen, womit es anfing? Mit der Krippe. Und weißt du, wo es aufhörte? Bei der Himmelfahrt. Und das wurde das Leben Christi genannt. Es waren lediglich 33 Jahre des Erdenlebens Christi, aber nicht sein Leben im umfassenden Sinn.

Warum schrieb Paulus den Korinthern, daß er nicht allzuviel Wert auf das Wissen um den historischen Jesus legte? Einfach deshalb, weil es ein Problem in der Gemeinde zu Korinth gab.

Paulus war der erste, der nach Korinth kam mit der Botschaft der Erlösung. Als er fort war, kam Apollos. Nun war Apollos ein kolossaler Redner. Viele der Leute fühlten sich mehr zu ihm hingezogen, weil er so brilliant reden konnte. Aber nach ihm kam Petrus, und auch er tat einen guten Dienst.
Später sagte eine Gruppe in der Gemeinde: »Wir sind für Paulus.« Und es dauerte nicht lange, da gab es eine Spaltung, weil die Anhänger des Apollos und die des Petrus nicht mit denen von Paulus übereinstimmten. Das geschah alles in ein und derselben Gemeinde. In ein und demselben Leib gab es dreierlei Gruppen.
»Spaltung dieser Art geschieht bei geistlichen Kleinkindern«, schrieb Paulus den Korinthern. Vielleicht würde er zu vielen von uns heute sogar sagen, daß wir weder Kleinkinder noch wiedergeboren sind, weil wir nicht einmal zu demselben Gottesdienst gehen. Die Korinther zumindest gehörten alle zu derselben Gemeinde.
»Ich bin für Paulus, ich für Apollos und ich für Petrus.« Vielleicht waren die Älteren in der Gemeinde Anhänger von Paulus, weil er in der Stadt missioniert hat, als es dort noch gar keine Gläubigen gab. Er arbeitete als Zeltmacher, um sich durchzuschlagen. So hatten sie Paulus in Erinnerung.

Die jüngeren Leute andererseits waren wahrscheinlich die Anhänger Apollos, weil er eine geistige Kapazität war und eine charismatische Redegabe hatte, die jeden überzeugen konnte. Wenn Apollos predigte, weinten die Leute.
Petrus war wieder anders. Vielleicht sprach er mehr die Frauen an. Nicht weil er gut aussah, sondern weil er eine besondere Stellung als Apostel hatte. Mittlerweile war er schon ein alter Mann, aber er war eben einer der drei Apostel, die dem Herrn Jesus am nächsten standen, als er auf Erden war – dem Herrn Jesus mit Bart und Sandalen.
Als Petrus nun in Korinth eingetroffen war, wurde er in der Gemeinde angekündigt als einer der zwölf Jünger ... als einer der mit Jesus umhergezogen ist und mit ihm gesprochen

hat . . . als einer, der Jesus besonders nahestand. Es erübrigt sich zu sagen, daß der Saal bestimmt überfüllt gewesen ist. Petrus brauchte keine seiner Predigten vorzubereiten. Er erzählte einfach Begebenheiten mit Jesus. Das Neue Testament war noch nicht geschrieben – das Leben Jesu, so wie wir es in den Evangelien lesen, war noch nicht zu Papier gebracht. So konnte Petrus den Leuten Fakten aus erster Hand geben, von denen bisher noch niemand etwas wußte.

»Liebe Brüder und Schwestern, wie ihr wißt, bin ich einer der zwölf Jünger«, mag Petrus gesagt haben. *»Tatsächlich gehörte ich zu den drei engsten Vertrauten Jesu. Nun, jedesmal wenn die drei engsten Apostel genannt werden, dann werden sie in derselben Reihenfolge genannt – Petrus, Jakobus und Johannes . . . Das sage ich nicht, um mich zu rühmen – ich möchte nur aufzeigen, wie nahe ich Jesus stand.*
Eines Abends waren wir auf dem Rückweg in die Stadt. Wir hatten den ganzen Tag gepredigt und die Kranken geheilt. Da sagte Jesus zu mir: ›Petrus, ich bin hungrig.‹ Ihr könnt euch vorstellen, was ich empfunden habe! Ich schaute mich um, ob noch jemand etwas zu essen bei sich hatte, aber ohne Erfolg. Wir selbst hatten das, was wir uns mitgenommen hatten, bereits aufgegessen, da entdeckte ich in der Nähe einen Feigenbaum. Ich wußte ja, daß Jesus Feigen gern mochte.
›Oh‹, rief ich, ›ein Feigenbaum.‹ Aber als wir zu dem Baum hinkamen, war nicht eine einzige Feige für den Meister daran. Wißt Ihr, was er da getan hat?
Nein, er bewirkte nicht nur ein Wunder, daß plötzlich an dem Baum Feigen hingen. Er verfluchte den Feigenbaum, und sofort vertrocknete dieser vor meinen Augen!
Was für eine Macht!
An einem anderen Tag fuhren wir über den See Genezareth. Da sagte ich zu Jesus (Ihr wißt ja, daß wir sehr vertraut miteinander waren): ›Jesus, schlaf nur und ruhe dich aus. Wir wissen, wie man über den See fährt. Wir sind Fischer.‹ Ich hatte mir nämlich Sorgen um ihn gemacht, weil er so schwer

gearbeitet hatte. Und Jesus hat auf mich gehört und meinen Rat befolgt.
Jesus schlief also ein, und als wir mitten auf dem See waren, kam plötzlich ein Sturm auf. Der Wind wühlte den See auf, und die Wellen setzten unserem Boot dermaßen zu, daß wir dachten, wir müßten sterben. Deshalb ging ich hin, um Jesus wachzurütteln. ›Herr, wach auf‹, schrie ich. ›Wir gehen unter.‹
Er stand auf und stützte sich auf meine Schulter – noch heute spüre ich die Berührung. Dann sprach er mit dem Wind und mit dem Wasser. Und von einer Sekunde zur andern war der See ruhig und still.
Oh, wie das die Leute beeindruckt hat. Sie fingen an zu weinen. Was für Wunder, was für eine Macht!«
Irgendwo in der Kirche aber sagte jemand zu dem Bruder, der neben ihm saß: »Hör mal, warum hat Paulus uns nichts von diesen Dingen erzählt? Er hat uns niemals etwas davon gesagt.«
»Sei still, ich will zuhören«, antwortete der Bruder. »Das kommt daher, weil Paulus nicht mit Jesus zusammen war. Er hat sich erst viel später bekehrt und hat den Herrn nie in seinem Erdenleben gesehen.«
Petrus fuhr fort. »Und dann kam die Zeit, daß er Bartimäus geheilt hat, den Blinden ...«
»Siehst du«, beharrte der Bruder, »sollte nicht nur jemand Apostel sein, der mit Jesus gelebt hat.«
»Sei still und hör zu.«
Inzwischen fuhr Petrus fort: »Nun die Samariterin ...«
»Ich glaube nicht«, tuschelte der Bruder, »daß Paulus ein Apostel ist, denn wenn er ein Apostel wäre, müßte er mit Jesus durchs Land gezogen sein. Petrus ist ein echter Apostel – hör doch nur, was er alles erzählt!«
Mittlerweile erzählte Petrus von den zehn Aussätzigen. Und jetzt fing das Gerede offen in der Gemeinde an, daß Paulus kein Apostel sei, weil er nicht mit Jesus zusammen gelebt hat, und ihm somit eine wichtige Bedingung für einen Apostel fehlte. Petrus, natürlich – der war ein Apostel!

Dieses Gerede drang sogar bis zu Paulus durch, und das gab ihm zu denken. So nahm er eine Feder zur Hand und schrieb einen Brief an die Korinther.
»Von jetzt an kenne ich keinen Menschen nach dem Fleisch«, teilte Paulus ihnen mit. Er meinte damit, daß es keine Rolle spielt, ob man Arzt oder Apostel ist. Was einzig und allein zählt, ist das Verhältnis zu Christus, nicht der Titel.
Wenn Paulus Petrus gemeint hat, als er von denen sprach, die Christus nach dem Fleisch kannten, dann wollte er nicht damit zum Ausdruck bringen, daß Petrus keine Beziehung zu Christus hätte. Nein, er liebte Petrus und respektierte ihn. Zugegeben, einmal hat er ihn vor allen andern zurechtgewiesen; aber es war nicht seine Absicht, Petrus niederzudrücken, als er davon sprach, daß ihm nichts daran liege, Christus nach dem Fleisch zu kennen.
Was Paulus herausstellen wollte, war die Tatsache, daß es keinen Unterschied machen würde, wenn er Christus nach dem Fleisch gekannt hätte – wenn er mit ihm, zusammen mit Petrus, Jakobus und Johannes, den Weg gegangen wäre. Er wollte nur zum Ausdruck bringen, daß er es immer vorziehen würde, Jesus so zu kennen, wie er ihn jetzt kannte.

Weißt du, wie Paulus Jesus gekannt hat?
Als Saulus – so war sein Name damals noch – Jesus zum erstenmal sah, wäre er beinahe gestorben. Die erste Begegnung mit ihm ereignete sich auf dem Wege nach Damaskus. Der Herr öffnete ein Fenster im Himmel und ließ etwas zu viel seiner Herrlichkeit hindurchscheinen, und das hätte Paulus beinahe das Leben gekostet. Paulus fiel von seinem Pferd und war drei Tage lang blind.
Später wurde Paulus in den dritten Himmel emporgehoben, zu der Schaltzentrale des Reiches Gottes.
Dort hatte er ein Interview mit Christus. Wir wissen nicht, wie lange diese Begegnung gedauert hat; vielleicht sind es mehrere Begegnungen gewesen, die sich über einen Zeitraum von Monaten oder sogar Jahren hingezogen haben. Das

ereignete sich, nachdem er aus Damaskus geflohen war. Wir lesen lange Zeit nichts von ihm, bis zu der Zeit, als Barnabas zu ihm in die Stadt ging, in der er geboren war, um ihn nach Antiochien zu bringen. Aber wir wissen, daß er zwei oder drei Jahre in der Wildnis gelebt und gebetet hat.
Als Paulus in den Himmel gehoben worden ist, hat er mit Christus gesprochen; aber nicht mit dem bärtigen Jesus in Sandalen. Jetzt war er der glorreiche, ewige Christus. Paulus sah ihn in seiner ewigen Herrlichkeit. Und das war besser, als ihn im Fleisch zu kennen, zur Zeit seiner Erniedrigung, so wie Petrus ihn gekannt hat.
Petrus hatte mit manchem, was Paulus schrieb, Schwierigkeiten. »Vorsicht, wenn Ihr die Briefe von Paulus lest«, schrieb er einmal, »weil sie manche sehr schwierigen Gedankengänge enthalten.« Petrus hatte Christus aus dem Blickwinkel seines irdischen Dienstes gekannt, aber Paulus hatte ihn in Herrlichkeit gesehen. Deshalb hatte Paulus vielleicht ein viel tieferes Verständnis von dem ewigen Christus.
Wie Paulus, so bin auch ich froh, daß ich Christus kennengelernt habe wie er jetzt ist und nicht, wie er damals auf Erden war. Sie sehen, ich habe ein Problem weniger als jene, die ihn als menschliches Wesen gekannt haben. Zu viel Vergegenwärtigung des Christus im Fleisch kann ein Hindernis sein für das Erkennen im Geist.
Jedesmal wenn jene, die Christus im Fleisch gekannt haben, beteten, erinnerten sie sich daran, wie Jesus ausgesehen hat. Paulus aber hatte dieses Problem nicht. Er hatte den auferstandenen Christus kennengelernt. Und das war für ihn ein Vorteil, weil Christus für ihn eine lebendige Realität war und nicht nur eine historische Persönlichkeit.
Es fällt auf, daß Paulus nicht ein einziges Mal den Inhalt der Evangelien zitiert.
Er sagt zum Beispiel niemals: *»Lieber Timotheus, ich will dir jetzt die Begegnung mit der Samariterin erklären.«* Lesen wir je davon, daß Paulus das getan hat? Doch wir tun es dauernd. Was tun wir, wenn wir das Evangelium predigen?

Zuerst predigen wir über die Samariterin, dann über die zehn Aussätzigen oder über Zachäus. Dann vergeistigen wir diese Geschichten und weisen auf das Evangelium hin.
Paulus hat das nicht so gemacht. Er ist den Aposteln in Jerusalem 15 Tage nach seiner Bekehrung begegnet, da wußte er wirklich noch nicht allzuviel von dem historischen Jesus. Er hatte keine Gelegenheit gehabt, sich hinzusetzen und irgend jemanden zu bitten: »Erklär mir doch mal die Geschichte von Zachäus.«
Wenn du nur den historischen Jesus allein kennst, dann hast du nur ein rückschauendes Wissen – und das ist ein statisches, starres Wissen.
Ich erinnere mich, daß ich einmal über den barmherzigen Samariter gesprochen habe. Es war während einer Evangelisation. Ich war Lehrer für Homiletik an unserer Bibelschule, und die Evangelisation fand im Gottesdienstraum unserer Bibelschule statt.
Ich hatte sieben Predigten über den barmherzigen Samariter ausgearbeitet, und allen sieben lag dieselbe Textstelle zugrunde. In jeder Predigt hatte ich die verschiedenen Aspekte der Geschichte vergeistigt. Das aber, was Jesus den Leuten eigentlich sagen wollte, war doch: »Gehe hin und tue dasselbe. Wenn du jemanden in Not findest, dann hilf ihm.« Aber in all meinen Predigten über das Gleichnis hatte ich nichts darüber gesagt.
Paulus hat Christus nicht so gepredigt, wie ich es getan habe, als ich die Geschichte vom barmherzigen Samariter analysierte. Er hat nicht den Christus der Evangelien präsentiert. Er war mehr auf den ewigen, glorreichen, herrlichen Christus der Gegenwart ausgerichtet.
Wenn Jesus in unseren Gotteshäusern Einzug hält, dann sollte es der lebendige, verherrlichte Jesus sein, der heute in unserer Mitte gegenwärtig ist. Er ist das lebendige Haupt der Gemeinde; und er hat uns eine ganze Menge zu sagen, vorausgesetzt wir sind bereit zuzuhören.

3. Der neue Bund ist der Geist

Paulus befand sich an Bord eines Schiffes, das auf dem Wege nach Rom war. Er hatte beim Kaiser Berufung eingelegt und reiste als Gefangener, um dort vor Gericht gestellt zu werden. Ein gewaltiger Sturm kam auf. Tagelang war es bewölkt und stürmisch gewesen, und da die Sterne nicht zu sehen waren, hatten die Schiffsleute völlig die Orientierung verloren. Als der Sturm noch schlimmer wurde, waren sie der Verzweiflung nahe. Sie brachen in Wehklagen aus und verloren alle Hoffnung auf ein Überleben.
Bei Paulus aber war das anders. Er sang, obwohl das Schiff dem Untergang nahe war.

»Wie kannst du in dieser Situation singen?« fragten ihn die Mitreisenden.
Paulus antwortete: »Macht euch keine Sorgen. Kommt, eßt etwas und seid guten Muts.«
»Wie können wir jetzt guten Muts sein?«
»Letzte Nacht habe ich mit meinem Herrn gesprochen, und er hat mir gesagt, daß das Schiff zwar untergehen wird, daß wir aber alle gerettet werden. Irgendwo in der Nähe muß eine Insel sein, und dort werden wir alle lebend an Land geworfen werden.«

Beachte, er hat nicht zu ihnen gesagt: »Seid guten Muts und lest den 23. Psalm.«
Nein, er sagte: »Der Herr hat mir gesagt, daß das Schiff zwar sinken wird, daß wir aber alle gerettet werden.«
Paulus bezog die neuesten Nachrichten direkt vom Himmel. Er hatte eine persönliche Beziehung zu Jesus Christus, das heißt, er hatte es nicht nötig, den 23. Psalm zu

Hilfe zu nehmen, um zu wissen, daß alles in Ordnung kommen würde.
Ein Mensch, in dem Christus lebt, erhält Nachrichten, die auf dem neuesten Stand sind. Er erlebt, wie sein Herr fortwährend wunderbare Dinge tut. Er braucht nicht dauernd Zeitungen von vorn bis hinten zu lesen, um auf dem laufenden zu sein und zu wissen, was gestern passiert ist. Der Nachrichtenredakteur lebt in ihm.
Ich sage das, um einen bestimmten Punkt zu illustrieren. Ich habe großen Respekt vor der Bibel, weil sie etwas über Jesus aussagt und darum ein Segen ist. Die Bibel ist immer aktuell und niemals veraltet, aber die Evangelien vermitteln uns nicht alles über Jesus. Jesus lebt noch heute, und deshalb ist die Geschichte seines Lebens noch nicht zu Ende.
Als ich zum erstenmal anfing, das ganze Neue Testament zu lesen, war ich noch ein kleiner Junge. Ich glaube, ich war sieben oder acht Jahre alt. Beim letzten Kapitel der Apostelgeschichte war ich frustriert. Ich wollte wissen, wie es weitergegangen ist.
Die Apostelgeschichte endet mit dem Bericht, daß Paulus in Rom in seiner eigenen Wohnung unter Hausarrest steht. Ich war von dem Schluß enttäuscht. Ich wollte gern den Rest der Geschichte wissen. Natürlich würde eine Fortsetzung der Apostelgeschichte auch heute noch unvollendet bleiben, weil Jesus immer noch lebt, und man kann kein Buch über eine Person zum Abschluß bringen, solange sie noch lebt. Wie kann man eine Biographie von einem lebenden Menschen beenden?
Deshalb sagt Paulus: »Zuviel Wissen um den Christus im Fleisch kann ein Hindernis sein. Es ist wichtig, ihn heute als lebendige Person kennenzulernen.«
Dies ist ein Problem für uns evangelikale Christen. Es ist schwer für uns, den heute gegenwärtigen Herrn Jesus Christus kennenzulernen, weil wir um die 33 Jahre seines Erdenlebens vor fast 2000 Jahren ein Idol aufgebaut haben.
Nun ist es auf keinen Fall verkehrt, daß wir den Christus im

Fleisch kennen. Ich möchte nichts dagegen einwenden. Und ich glaube auch nicht, daß Paulus das gemeint hat, als er sagte, daß er sich nichts daraus macht, daß er Christus nicht nach dem Fleisch gekannt hat. Ihn im Fleisch gekannt zu haben ist gut, vorausgesetzt man lernt ihn auch weiter kennen.

Aber was Paulus anbetraf, so zog er es vor, Christus zu kennen als den auferstandenen und erhöhten Herrn. Auch ich würde es vorziehen, Christus zu kennen und zu erleben, wie er jetzt ist, als ihn nur im Fleisch zu kennen. Glücklicherweise brauchen wir nicht zu wählen. Wir können beides haben.

Ein Wissen um den historischen Jesus ist statisch, es bleibt ohne Wachstum; aber die Erfahrung mit dem lebendigen Herrn ist dynamisch. Man kennt ihn und man lernt ihn immer besser kennen. Du kennst ihn heute besser als du ihn gestern gekannt hast.

Wenn ich davon spreche, daß wir Jesus besser kennenlernen müssen, dann meine ich damit nicht ein intensiveres Bibelstudium. Ich habe Leute beobachtet, die während ihrer Seminarzeit die Bibel eifrig studiert haben, aber geistlich sind sie nicht ein bißchen gewachsen. Andere dagegen sind gewachsen.

Die Tatsache, daß du die Bibel regelmäßig und intensiv liest, ist nicht schon eine Garantie dafür, daß du geistlich wächst. Es gibt große Theologen, die wissen theoretisch um den Wert der Bibel, aber das hilft ihnen noch nicht. Wer aber die Bibel liest und darüber hinaus auch den täglich gegenwärtigen Herrn Jesus Christus kennt, dem kann die Bibel eine große Hilfe sein.

In den Tagen der Urgemeinde breitete sich der lebendige Organismus der Gläubigen in der ganzen Welt aus. Sie hatten damals noch nicht das Neue Testament. Sie waren allein darauf angewiesen, sich auf den lebendigen Christus zu verlassen. Sie waren auf Jesus allein angewiesen.

Meine Sorge heute ist die, daß wir vielleicht eine zu große Betonung auf unsere Bibelauslegungen – auf die geschriebene Geschichte über Jesus im Fleisch – legen, und daß wir es dabei versäumen, mit dem heute gegenwärtigen Herrn zu rechnen.

Manchmal habe ich den Eindruck, daß wir ebensogut zu Jesus sagen könnten: »Mach dir keine Sorgen, Herr. Wir haben alle die Reden, die du vor fast 2000 Jahren auf dieser Erde gehalten hast, schwarz auf weiß. Wir können die Berichte über die Wunder, die du getan hast, auswendig. Bleib du nur im Himmel. Wir brauchen dich hier wirklich nicht.«

Im Philipperbrief sehen wir Christus dargestellt in Schwachheit, ohne Ansehen, als Diener.
Doch das ist ein wunderbares Bild, weil die Armut Gottes reicher ist als die höchsten Errungenschaften des Menschen. Die Schwachheit Gottes ist stärker, als die größte Stärke des Menschen, und die »unvernünftigsten« Dinge Gottes sind weiser als die Weisheit der Menschen. Jesus war auf dieser Erde in großer Schwachheit und in seiner armseligsten Gestalt.
In 2. Korinther 5,16 erklärte Paulus den Schlüssel zu geistlichem Wachstum: Christus kennen, wie er jetzt ist und nicht nur wie er im Fleisch war. Wie ist Christus also jetzt und heute?
In Hebräer 10,19–22 steht: »Weil wir denn nun, liebe Brüder durch das Blut Jesu die Freiheit haben zum Eingang in das Heilige, welchen er uns bereitet hat als neuen und lebendigen Weg durch den Vorhang, das ist durch sein Fleisch, und haben einen Hohenpriester über das Haus Gottes: so lasset uns hinzugehen mit wahrhaftigem Herzen in völligem Glauben, besprengt in unseren Herzen und los von dem bösen Gewissen und gewaschen am Leibe mit reinem Wasser.«

Der Schreiber stellt heraus, daß der irdische Leib Jesu ein Vorhang ist. Wahrscheinlich deshalb, weil dieser Leib die ewige Herrlichkeit Jesu Christi verborgen hat.
Hinter diesem Leib war der ewige Immanuel – der Gott mit uns – verborgen.
Nur gelegentlich ließ Jesus seine Herrlichkeit durch den Vorhang hindurch sichtbar werden. Eine dieser Gelegenheiten war auf dem Berg der Verklärung. Als die Apostel Jesus anschauten, konnten sein Fleisch und seine Kleider das Licht nicht verborgen halten.
Am Ende seines Lebens betete Jesus allein im Garten Gethsemane. Damals sagte Jesus: »Vater, gib mir die Herrlichkeit, die ich bei dir hatte vor Zeiten.« So war das Fleisch Jesu ein Vorhang, hinter dem dieses ewig herrliche Sein – der Schöpfer aller Dinge – verborgen war.
Nur den bärtigen Mann mit den Sandalen an den Füßen kennen, bedeutete nicht tatsächlich Christus zu kennen. Er war hinter jenem Körper verborgen. So fordert uns der Schreiber des Hebräerbriefes auf, durch diesen Vorhang seines Fleisches hindurchzugehen und ihn im Geist kennenzulernen.
Natürlich hatte der Schreiber dabei die alttestamentliche Stiftshütte und den Tempel vor Augen.
Wir erinnern uns, der Tempel hatte zunächst einen Vorhof, dann das Heilige und davon abgetrennt das Allerheiligste. Das Allerheiligste lag hinter dem Tempelvorhang. Es handelte sich dabei um einen sehr dicken, schweren Vorhang, der geschlossen gehalten wurde. Nur der Hohepriester durfte hindurchgehen, und das auch nur einmal im Jahr. Die anderen Priester konnten nur das Äußere des Vorhangs sehen, aber niemals hindurchgehen. Sie verrichteten ihren Dienst im Heiligen, aber niemals im Allerheiligsten.
Aber als Jesus am Kreuz starb, zerriß nach dem Bericht der Bibel der Vorhang im Tempel in zwei Stücke.
Kannst du dir den Schock für den Priester vorstellen, der gerade im Heiligen seinen Dienst verrichtet und Gott viel-

leicht gerade Weihrauch geopfert hat. Plötzlich reißt der Vorhang auseinander und der Weg ins Allerheiligste ist frei. Der Priester konnte in das Allerheiligste sehen.
Der eigentliche Vorhang aber, der an jenem Tage zerriß, war der Leib Christi.
Jesu Sterben hatte viele Gründe, aber ein Grund war der, mit jenem Vorhang aufzuräumen. Er starb, um den Leib aus Fleisch beiseite zu tun, der sein ewiges Sein, seinen herrlichen Zustand noch verborgen hielt. Mit seinem Kreuzestod fanden der Bart und die Sandalen ein abruptes Ende. Dieses menschliche Bild von Jesus sollte aus den Augen der Jünger verschwinden, um Raum zu schaffen für den eigentlichen Christus, der verborgen war in seinem fleischlichen Leib.
Der Schreiber des Hebräerbriefes fordert uns auf, durch das Heilige hindurch in das Allerheiligste zu gehen – das bedeutet, über den Jesus der Evangelien hinaus auch den Christus im Geist kennenzulernen. Wir sollen ihn heute nicht mehr im Fleisch, sondern im Geist und in der Wahrheit anbeten. Kein Wunder, daß sich der Schreiber bei den Hebräern über ihren Mangel an geistlichem Wachstum beklagt hat. Sie hielten noch an dem Vorhang fest. Er mußte sie drängen, sich nach der Vollkommenheit auszustrecken. Und der Schlüssel dazu lag darin, durch den Vorhang hindurchzugehen.
Als der Vorhang im Tempel zerrissen war, nähten die Juden ihn schnell wieder zusammen. Sie verschlossen das Allerheiligste schleunigst wieder vor den Blicken der Menschen. Es hat den Anschein, als habe die Kirche den Vorhang auch wieder zusammengenäht, und wir befinden uns noch diesseits des Vorhangs.
Lange Zeit kannte ich diesen Vorhang auswendig.
Die Samariterin, die zehn Aussätzigen, der blinde Bartimäus – fange mit dem ersten Satz an, und ich erzähle dir den Rest der Geschichte. Ich kannte alles auswendig. Von Geburt an hatte ich diese Worte gehört. Mein ganzer Dienst spielte sich diesseits des Vorhangs ab. Immer wieder predigte ich

über die Samariterin, über Zachäus und die unterschiedlichen Begebenheiten in Jesu irdischem Leben.
Eines Tages entdeckte ich ein kleines Loch in dem Vorhang. Und ich sagte: »Herr, es ist doch schrecklich, daß wir immer noch darüber predigen, wie du den Feigenbaum verflucht hast. Was würden deine Engel sagen, wenn sie am Gottesdienst teilnähmen und hören müßten, daß der Herr der Herrlichkeit immer noch einen Feigenbaum verflucht? Herr, ich danke dir, daß du einen Feigenbaum verflucht hast, aber ich möchte endlich anfangen, meinen Dienst auf der anderen Seite des Vorhangs zu tun.«
Wir haben den Vorhang wieder zusammengenäht. Das ist der Grund für unseren Mangel an geistlichem Wachstum in der Gemeinde. Begriffe und Lehren über den Christus, der vor fast 2000 Jahren gelebt hat, sind statisch. Sie haben kein Leben, sie können kein Wachstum produzieren; nur was lebt, kann wachsen.
Wir sind zu sehr geschichtszentriert und zu wenig christuszentriert.
Wir fühlen uns wie durch einen Eid der Lehre vom historischen Jesus verpflichtet, statt uns dem lebendigen Christus hinzugeben. Deshalb gibt es auch so viele Spaltungen unter den Christen. Alle beanspruchen für sich die richtige Lehre. Dabei geht es doch aber nur um den einen lebendigen Christus.
Wenn wir christuszentriert leben würden, wenn Christus für uns eine lebendige Person wäre, das wirkliche Haupt der Gemeinde, dann wären wir alle eins. Aber das Haupt unserer Kirchen und Gemeinden sind unsere Lehrmeinungen und Doktrinen über den historischen Jesus, deshalb sind wir so zerspalten.
Wenn wir uns allein an Jesus Christus halten, dann entsteht Einheit. Wenn ein Mensch zu Jesus kommt, dann ist er derselbe Jesus für die Katholiken wie für die Protestanten. Christus ist einer, nicht viele; aber wenn wir uns nur an unsere Lehren halten, dann bleiben wir zerspalten.

Wir müssen den Unterschied verstehen zwischen dem alten Bund und dem neuen Bund. Paulus beschreibt die Gläubigen als »einen Brief Christi, geschrieben nicht mit Tinte, sondern mit dem Geist des lebendigen Gottes, nicht in steinerne Tafeln, sondern in fleischerne Tafeln des Herzens« (2. Korinther 3,3).
Der alte Bund besteht in den Zehn Geboten, die auf die Steintafeln eingeritzt waren. Der neue Bund aber besteht in dem lebendigen Christus, der in den Herzen der Gläubigen wohnt. Es ist ein völlig anderer Bund! Die Dinge des Königreiches Gottes sind nicht mehr durch ein äußeres Gesetz geregelt, sondern durch die Herrschaft des Königs selbst in den Herzen der Gläubigen.
Paulus fährt in 2. Korinther 3,6 fort: »Welcher uns auch tüchtig gemacht hat zu Dienern des neuen Bundes, nicht des Buchstabens, sondern des Geistes. Denn der Buchstabe tötet, aber der Geist macht lebendig.«
Was hat Paulus mit dem Geist gemacht?
Viele Gläubige meinen, das Alte Testament sei Buchstabe und das Neue Testament sei Geist. Oder sie denken, daß der neue Bund eine geistlichere Version des alten Gesetzes ist – quasi das Gesetz plus Bergpredigt. Aber auch das alles ist Buchstabe!

4. Wo wir sind, da ist Christus

Die Jünger hatten zu Jesu Lebzeiten ein besonderes Problem. Sie suchten ständig eine physische Manifestation des Königreiches Gottes. Jesus mußte ihnen aber immer wieder sagen, daß dieses Königreich anders gestaltet ist, als sie es sich ausmalten.
Heute haben wir dasselbe Problem. Deshalb möchte ich einen Punkt in diesem Kapitel herausstellen: das Königreich Gottes in uns.
Schaue dich nicht um und suche es. Du wirst es nicht finden. Es ist in dir.
Paulus betete für die Gläubigen seiner Zeit in Epheser 3, 16–17: »... daß er euch Kraft gebe nach dem Reichtum seiner Herrlichkeit, stark zu werden durch seinen Geist an dem inwendigen Menschen, daß Christus wohne durch den Glauben in euren Herzen und ihr in der Liebe eingewurzelt und gegründet werdet.«
Ich möchte, daß du begreifst, um was er bat. Er hat nicht gesagt: »Ich bete darum, daß ihr nette Veranstaltungen habt.« Nein, Paulus betete darum, daß unser innerer Mensch stark wird, und daß Christus in unserem Herzen durch Glauben wohnen möchte.
Wo lebt Christus?
Er lebt in unseren Herzen, durch den Glauben. Das bedeutet es, in dem Königreich Gottes zu leben. Jesus ist der König, und er will in uns leben. Wir sind im Geist mit ihm verbunden, so daß er unsere Herzen regieren kann. Wir sind angewiesen auf seine Herrschaft in unserem Leben, und er ist unser Herr. Das ist das Königreich Gottes.
Paulus fährt fort und sagt: »... damit ihr erfüllt werdet mit aller Gottesfülle.« Christus ist also so in uns, wie sich

das Wasser in einem vollen Glas innen befindet und nicht außerhalb.
In Epheser 3, Vers 20 schreibt Paulus weiter: »Dem aber, der überschwenglich tun kann über alles, was wir bitten oder verstehen, nach der Kraft, die da in uns wirkt.«
Wo arbeitet seine Kraft? Sie arbeitet in uns.
Paulus' Botschaft war sehr einfach. Sie war sehr erdgebunden und bezog sich auf das alltägliche Leben. In unseren Theologien sind wir schnell idealistisch und versuchen, die Gipfel hoher Berge zu erklimmen. Paulus aber fängt mit den kleinen Dingen des Lebens an. Und wenn wir in den kleinen Dingen treu sind, dann wird der Herr uns auch die größeren Dinge geben.
Das Evangelium Jesu ist wirklich Frohe Botschaft, weil es sich auf das Leben bezieht. Es geht darum, wie man heute und morgen lebt. Es geht um das ganz gewöhnliche, alltägliche Leben, das jeder von uns führen muß. Er faßt alles zusammen in der Feststellung: »Christus in euch, die Hoffnung der Herrlichkeit« (Kolosser 1, 27). Das ist es, was den neuen Bund ausmacht.
Der besondere Unterschied zwischen dem alten und dem neuen Bund liegt darin, daß der alte Bund außerhalb des Menschen wirksam war, während der neue Bund im Menschen wirkt.
Im alten Bund mußte man in einem Buch lesen und dann versuchen, danach zu handeln.
Aber der neue Bund bedeutet: »Ich will mein Gesetz in ihr Herz geben und in ihren Sinn schreiben, und sie sollen mein Volk sein, und ich will ihr Gott sein« (Jeremia 31, 33). Das Gesetz ist verinnerlicht und arbeitet wie ein eingebautes Leitungssystem.
Hesekiel drückt das so aus (Hesekiel 36, 26–27): »Und ich will euch ein neues Herz und einen neuen Geist in euch geben und will das steinerne Herz aus eurem Fleisch wegnehmen und euch ein fleischernes Herz geben. Ich will meinen Geist in euch geben und will solche Leute aus euch

machen, die in meinen Geboten wandeln und meine Rechte halten und danach tun.«

Wir brauchen uns nicht anzustrengen, um den neuen Bund zu halten; Gott schafft die Voraussetzungen für die Erfüllung. Sein Geist ist in uns, er ist in unseren erneuerten Herzen und nötigt und drängt uns, Gottes Weg zu gehen. Jesus bringt das seinen Jüngern gegenüber klar zum Ausdruck. Der Geist »wohnt in euch«, sagte er ihnen, »und er wird in euch sein.« In euch! Seit Pfingsten ist der Heilige Geist in uns.

Im Alten Testament sprach man häufiger von Salbung als von Erfüllung. Und zwar deshalb, weil der Geist sich von außen auf die Menschen zubewegte, um seine Aufgabe zu erfüllen. Er besuchte nur die Menschen. Deshalb haben wir im alten Bund den Begriff Salbung.

Jetzt im neuen Bund handelt es sich nicht um einen Besuch. Der Geist kommt mit seinem ganzen Gepäck, um zu bleiben, um in uns zu wohnen. Deshalb sprechen wir im neuen Bund mehr von Erfüllung als von Salbung. Der Geist ist in uns.

Jesus sagt beim Laubhüttenfest etwas Ungeheuerliches. Das ganze fromme Volk war in Jerusalem und nahm an dieser großen religiösen Feierlichkeit teil. Dort verkündigte Jesus ihnen im Tempel: »Wen da dürstet, der komme zu mir und trinke! Wer an mich glaubt, wie die Schrift sagt, von des Leibe werden Ströme lebendigen Wassers fließen« (Johannes 7, 37–39).

Der Geist kommt also nicht von außerhalb, sondern von innen aus dem Gläubigen! Er ist in uns. Dies ist das Wesen des neuen Bundes – Christus in uns, die Hoffnung der Herrlichkeit.

Wir brauchen nicht zu studieren, um zu lernen, wie wir den Herrn suchen sollen. Wir brauchen nicht zu versuchen, ihn vom Himmel herabzuziehen, damit er uns salbe. Er ist gekommen, um in uns durch den Geist zu wohnen und er trachtet danach, durch uns hindurch nach außen zu fließen. Wir müssen lernen, das aus uns herauszulassen und an unsere Umwelt weiterzugeben, was wir schon in uns haben. Wir haben also hier einen völlig anderen Ausgangspunkt, als ihn viele von uns einnehmen. Viele sind bemüht, Gott zu suchen und halten Ausschau nach neuen Ausschüttungen des Geistes. Die Bibel zeigt uns Christus aber nicht als ein zu erreichendes Ziel, sondern als eine zu realisierende Tatsache.

Wer weiter an dem Gedanken festhält, daß Christus außerhalb von uns ist und in seiner Fülle erst noch zu uns kommen muß, der verdreht die Aussagen der Bibel. Die Bibel vermittelt uns das große und klare Versprechen, daß Christus in uns ist durch seinen Geist.

Nun müssen wir allerdings sicher sein, daß dieses Heilshandeln auch wirklich an uns geschehen ist, und daß Christus durch die Wiedergeburt in uns ist. Aber wenn er einmal Herr unseres Lebens ist, dann braucht er nicht noch einmal in uns hineinzukommen. Wir müssen dann nur glauben, daß er in all seiner Fülle in uns ist.

Deshalb konnte Jesus auch sagen, daß Ströme lebendigen Wassers aus uns fließen werden – also nicht in uns hinein, sondern aus uns heraus.

Zu der Samariterin hat er gesagt: »Wer aber von dem Wasser trinken wird, das ich ihm gebe, den wird ewiglich nicht dürsten, sondern das Wasser, das ich ihm geben werde, das wird in ihm ein Brunnen des Wassers werden, das in das ewige Leben quillt« (Johannes 4, 14). Das Wasser entspringt in uns und fließt aus uns heraus.

Die Korinther hat Paulus gefragt: »Oder wisset ihr nicht, daß euer Leib ein Tempel des Heiligen Geistes ist, der in euch ist, welchen ihr habt von Gott, und seid nicht euer eigen?« (1. Korinther 6, 19). Wieder sehen wir, daß der Geist Gottes in uns ist. Er hat in uns Wohnung gemacht.

Den Römern hat Paulus dasselbe gesagt. Diejenigen, die

geführt werden durch den Geist Christi, sind Söhne Gottes, und wenn jemand den Geist Christi nicht hat, ist er nicht sein – er ist kein Christ. So brauchen wir also nicht zu versuchen, den Geist Gottes zu bekommen. Wir haben den Geist, und er leitet uns von innen her.

Daß der Geist in uns ist, geht aus vielen Aussagen der Bibel hervor. Diese Tatsache ist auch klar ersichtlich aus manchen Symbolen, die in der Bibel gebraucht werden. Schauen wir uns z. B. das Symbol der Stiftshütte oder des Tempels an.

Als die Stiftshütte und der Tempel Salomos im alten Bund feierlich eingeweiht wurden, kam Gott als eine Feuerflamme über die Stiftshütte und über den Tempel. Er sagte damit: »Ich will hier bleiben; ich will hier leben.« Gott kam über das Gebäude.

Zu Pfingsten aber passierte etwas anderes. Gott kam wieder mit Feuer, um ein neues Gebäude einzuweihen, aber in diesem Fall sind wir Menschen das Gebäude.

Jesus hat gesagt: »Zerstöre diesen Tempel, und in drei Tagen will ich ihn wieder aufrichten.« Das war Lästerung für alle, die ihm zuhörten. Das Gebäude des Tempels war in vielen, vielen Jahren aufgebaut worden, und nun behauptete er, fähig zu sein, einen neuen Tempel in drei Tagen aufzubauen!

Natürlich meinte er den neuen Tempel, der das Gebäude des Tempels ersetzen sollte. Er sprach von seinem Leib. Der Bau eines irdischen Tempels dauert natürlich länger als drei Tage, aber sein Leib wurde in drei Tagen auferweckt. Und die Auferweckung Jesu war das Symbol des neuen Tempels, und diesen neuen Tempel stellt die Gemeinde Jesu dar.

Ich frage mich, warum heute immer noch sakrale Gebäude als Tempel oder Kirche bezeichnet werden. Ob wir immer noch nicht begriffen haben, daß wir der Tempel, die Kirche sind?

Warum bezeichnen wir ein Gebäude als Kirche?

Worte sind Symbole für bestimmte Vorstellungen. So sagen

wir, obwohl wir wissen, daß das Gebäude nicht die Kirche – die Gemeinde – ist, trotzdem: »Ich gehe zur Kirche oder zur Gemeinde.«
Aber das ist eine falsche Vorstellung. In gewisser Weise können wir gar nicht zur Kirche gehen, weil wir ja die Kirche sind. Die Kirche – die Gemeinde – ist keineswegs ein Gebäude. Ich frage mich, ob wir deshalb unsere Funktion als Gemeinde so wenig erfüllen, weil wir auf Worten beharren, die uns zu dem Irrtum führen, die Gemeinde sei etwas, wo man hingeht.
Jesus hat gesagt: »Wo zwei oder drei versammelt sind in meinem Namen, da bin ich mitten unter ihnen.« Welche Gedanken ruft das in uns hervor? Stellen wir uns dabei die Gemeindeversammlung vor, Menschen, die sich in einem Gebäude versammeln?
Das hat Jesus nicht gemeint. Er hat niemals gesagt: »Wo es eine Orgel und einen Chor gibt, da bin ich mitten unter ihnen!« Nein, er hat von zwei oder drei Menschen gesprochen.
Wenn ich am Morgen aufwache, frage ich meine Frau: »Martha, bist du da?«
Sie antwortete: »Ja, Johnny.«
Wir sind zwei, und wir gehören beide Christus. Wir glauben beide an ihn, und wir vertrauen ihm beide. So sind wir Gemeinde. Zu diesem bestimmten Zeitpunkt befindet sich also die Gemeinde im Bett.
Dann gehen wir an den Frühstückstisch, wo sich uns David anschließt und dann Robert John. Bald sind wir sechs, weil unsere zwei Töchter sich auch dazugesellen. Die Gemeinde nimmt ihr Frühstück ein. So sieht das »Gebäude« aus, dessen Grundlage und Ursprung der auferstandene Christus ist, der Tempel, der in drei Tagen aufgerichtet worden ist.

Wir müssen es deutlich machen, was Gemeinde wirklich ist. Wir wissen es in unseren Köpfen, aber wir wissen es

nicht in unseren Herzen, und deshalb leben wir nicht dementsprechend.
Eins der größten Probleme in der Gemeinde ist, daß wir diese Dinge wissen, sie aber nicht tun. Wir brauchen kein Konzept, sondern Leben. Wir müssen so leben wie wir glauben.
So kam das Feuer zu Pfingsten, als dieses neue »Gebäude« eingeweiht wurde, genauso wie es bei der Stiftshütte und dem Tempel geschehen ist. Aber worauf kam es? Auf das Gebäude oder auf die Leute? Es kam auf die Menschen. Es kam nicht auf das Dach des Gebäudes, sondern es kam deshalb auf die Menschen, weil von jenem Tage an Christus anfangen wollte, in ihnen zu wohnen, wie er zuvor im Tempel gewohnt hat.
Wenn wir an Jesus Christus glauben, dann kommt er, um in uns zu wohnen.
Wir predigen: »Dein Reich komme.« Das Königreich Gottes kommt in unsere Herzen. Er hält Einzug bei uns und wird eins mit uns, so daß er unser Leben von der Schaltzentrale, von dem neuen Herzen aus, regieren kann.
Wo ist der auferstandene Herr?
Vielleicht meinst du, daß er sich hinter den Wolken, vielleicht sogar hinter den Sternen befindet. Aber nach den Aussagen der Bibel ist er in uns. Er ist gekommen, um sich bei uns einzurichten, um Wohnung in uns zu nehmen, mit uns zu essen und zu trinken. Er teilt mit uns unser alltägliches, ganz gewöhnliches Leben – alle die Dinge, die wir während des Tages und der Nacht tun.
Viele Menschen meinen, ein geistliches Leben sei ein unnormales Leben. Sie meinen, es bestünde aus dem Besuch von kirchlichen Veranstaltungen und aus Bibellesen in verschlossener Studierstube und aus Gebet auf den Knien. Somit wird das geistliche Leben als etwas angesehen, was im Gegensatz zum gewöhnlichen Leben steht.
Nein, geistlich leben bedeutet, ständig in Jesus leben. Es ist ein Leben in Übereinstimmung mit ihm. Wir müssen eins

mit ihm sein. Wenn wir uns von ihm in allen Dingen leiten lassen, dann führen wir ein geistliches Leben. So leben wir unser normales Leben, aber es steht alles unter der Kontrolle Jesu Christi. Das bedeutet, im Reich Gottes leben – unser ganzes physisches Leben unter der inneren Führung Jesu leben.

Darauf bezieht sich Paulus, wenn er in Epheser 3,16–19 darum betet, daß »er euch Kraft gebe nach dem Reichtum seiner Herrlichkeit, stark zu werden durch seinen Geist an dem inwendigen Menschen ... damit ihr erfüllt werdet mit aller Gottesfülle ... nach der Kraft, die da in uns wirkt«.

Christentum ist keine äußerliche Angelegenheit, wie es bei den Religionen der Fall ist. Es ist eine innerliche Angelegenheit. Alles geschieht durch Glauben. Wir glauben, daß Christus in uns ist. Wir sind nicht auf äußere Gefühle angewiesen, weil wir es als Tatsache wissen, daß Christus in uns lebt.

Vielleicht sagst du jetzt: »Aber das wissen wir doch schon alles. Wir haben dieses Buch doch nicht zur Hand genommen, um unsere Zeit damit zu verschwenden, etwas zu lesen, was wir schon wissen. Erzähle uns doch etwas, was wir noch nicht wissen.«

Weißt du das wirklich schon alles?

Über Jahre habe ich auch gedacht, ich wüßte das alles. Ich habe darüber gepredigt und dabei alle die Schriftstellen benutzt, die von dem »Christus in uns« sprechen. Doch ich habe den Leuten gesagt: »Geschwister, öffnet eure Herzen dem Herrn.«

Du siehst, ich habe die richtigen Worte gebraucht, aber ich habe das Leben nicht gekannt. Ich hatte das Konzept, aber nicht das Leben!

Es entlockt dir vielleicht ein Lächeln, aber ich habe einmal in meiner eigenen Kirche eine Situation erlebt, die mir den Unterschied zwischen dem Konzept und dem tatsächlichen Leben deutlich gemacht hat.

Wir hatten in unserer Gemeinde einen Gastredner, der den Gottesdienst mit dem Lied 224 begann: »Seit Jesus in mein Herz kam.«
Als wir dieses Lied gesungen hatten, sagte er: »Nun wollen wir noch Lied 191 singen: »Komm in mein Herz, Herr Jesus.«
Was ist zwischen dem ersten und dem zweiten Lied passiert? Das erste Lied geht davon aus, daß Jesus da ist, aber in dem zweiten ist er nicht da – er muß erst noch kommen!
Das eine Lied war konzeptorientiert und das andere war lebensorientiert.
Wir haben eine Lehre, die besagt, daß Christus in unser Herz kommen muß, und das ist eine völlig korrekte Lehre. Aber wir haben auch eine Lehre, die besagt, daß Christus in unserem Herzen wohnt. Auch das ist korrekt. Das Problem lag nur darin, daß wir beides durcheinandergebracht haben.
Wären nun unsere Lehren Realität in unserem Leben gewesen, dann hätten wir dem Pastor auf seine Ansage hin: »Laßt uns singen ›Komm in mein Herz, Herr Jesus‹« geantwortet: »Pastor, wenn du ihn nicht im Herzen hast, dann sing das Lied allein. Wir aber haben ihn!«
Wir sollten beim Singen vorsichtig sein, weil viele unserer Lieder zum alten Bund gehören. Im alten Bund war es richtig gewesen zu singen: »Lasset uns zum Berge des Herrn und zum Hause unseres Gottes gehen.« Der Berg des Herrn war in Jerusalem und das Haus Gottes war der Tempel. Aber wenn wir diese Lieder nicht in den neuen Bund umsetzen, dann tritt Verwirrung ein.
David hat gesungen: »Ich war froh, als sie zu mir sagten, laßt uns gehen zum Hause des Herrn.«
Um den Psalm aber heute singen zu können, muß ich ihn erst übersetzen. Ich ändere ihn einfach um in: »Ich bin froh mit denen, die mir sagen, daß wir das Haus des Herrn sind.« Erst jetzt ist es ein Lied des neuen Bundes.
Der alte Bund mit dem Tempel war nur eine Vorschattung. Wir haben heute die Wirklichkeit. Wenn wir davon singen,

daß wir zum Haus des Herrn gehen, dann haben wir die Vorstellung, vielleicht zu einem Kirchengebäude zu gehen. Laßt uns vorsichtig sein, wenn wir die Worte des Alten Testaments singen, besonders die Psalmen. Es gibt wundervolle Psalmen, aber oft brauchen wir eine Übersetzung in den neuen Bund.

Ich habe den Eindruck, daß wir an den Folgen der Vermengung des alten und des neuen Bundes leiden. Wir versuchen, quasi mit zwei Ehemännern gleichzeitig zu leben. Wir möchten verheiratet sein mit dem Gesetz und gleichzeitig mit Jesus. Das ist Ehebruch! Wenn wir Christen geworden sind, sind wir dem Gesetz gestorben.

Paulus sagt uns das in Römer 7, 1–6. Wir sollten diese Passage einmal sorgfältig studieren, weil es eine ernste Sache ist, in einen Ehebruch verwickelt zu sein. Wir sind nicht mehr mit dem Gesetz verheiratet. Wir sind mit einem »andern« verheiratet – mit dem auferstandenen Herrn Jesus Christus.

In einem anderen Gottesdienst erlebte ich, wie zunächst das Lied gesungen wurde: »Ein Strom des Lebens geht aus von mir.« Später wurde dann in demselben Gottesdienst gesungen: »Laß mich zu deinem Strome kommen, o Herr.« Was war geschehen?

Wir hatten gerade von einem Strom des Lebens gesungen, der von unserem Leben ausgeht, und im nächsten Augenblick haben wir die Bitte gesungen: »Komm und stille den Durst meiner Seele.« Was für eine Verwirrung! Kein Wunder, daß wir die Welt nicht von dem Leben überzeugen können, das wir predigen. Wir wissen ja nicht sicher, was wir haben und was wir nicht haben!

Hören wir uns die Worte Jesu noch einmal an: »Wer von diesem Wasser trinkt, den wird wieder dürsten (gemeint ist das Wasser, das das physische Leben ermöglicht); wer aber von dem Wasser trinken wird, das ich ihm gebe, den wird *ewiglich nicht* dürsten, sondern das Wasser, das ich ihm geben werde, das wird in ihm ein Brunnen des Wassers werden, das in das ewige Leben quillt« (Johannes 4, 13–14).

Wenn wir nun aber singen: »Komm und stille unseren Durst«, dann widersprechen wir doch Jesus. Er hat von einem lebendigen Brunnen in uns gesprochen, der überfließt zum Nächsten hin, wir aber sprechen davon, daß wir ausgedörrt und durstig sind. Machen wir ihn damit nicht zum Lügner?

Ewiglich nicht dürsten. Das bedeutet, daß wir nicht länger durstig sind. »Selig sind, die da hungert und dürstet nach der Gerechtigkeit; denn sie sollen satt werden« (Matthäus 5,6). Aber wir glauben der Zusage nicht, daß wir gesättigt werden sollen, und deshalb fahren wir fort, von Hunger und Durst nach Gott zu sprechen und zu singen.

Von wem hat Jesus denn gesprochen, als er gesagt hat, daß die, die da hungert und dürstet nach der Gerechtigkeit satt werden sollen? Er hat von unbekehrten Menschen gesprochen, die einen fortwährenden Durst der Seele erleben – die den Herrn suchen, aber unfähig sind, von sich aus eine Verbindung mit ihm herzustellen.

So hat es Jesus in Johannes 6,35 gesagt: »Ich bin das Brot des Lebens. Wer zu mir kommt, den wird nicht hungern; und wer an mich glaubt, den wird nimmermehr dürsten.« Er selbst wollte kommen, um in uns zu leben, um den Durst und den Hunger der Seele zu stillen. Wir sollten erfüllt werden mit der Fülle Gottes, weil er selbst in uns wohnen wollte. Ist das nicht enorm?

Die Bibel sagt: »Suchet und ihr werdet finden.« Wir haben es uns angewöhnt, immer etwas außerhalb von uns zu suchen, als hätten wir noch nie gefunden. Tatsache aber ist, daß wir gefunden haben; wir brauchen Jesus nicht länger zu suchen. Wir müssen nur unsere Augen öffnen, um zu sehen, daß er in uns lebt mit seiner ganzen Fülle und Herrlichkeit!

Wenn wir unkorrekte Worte singen, werden wir in unserer Theologie verwirrt. Wir werden nie geistlich Fortschritte machen, wenn wir einmal sagen, daß wir voll sind und im

nächsten Augenblick davon sprechen, daß wir leer sind. Wir wissen dann nicht, was wir wirklich sind! Es wird zu einer Frage des Konzepts und nicht des Lebens.
Christus ist nicht gekommen, um uns eine Religion zu bringen, sondern er hat uns Leben gebracht. Er ist gekommen, um in Gemeinschaft mit uns zu sein. Jesus ist eine Person, und er ist als Person in mir. Er ist in mein Leben gekommen, und er bleibt in mir. Er hat gesagt: »Wenn du mir öffnen wirst, werde ich kommen und mein Vater mit mir, und wir bleiben in dir.«
Es gibt nichts, worüber wir uns mehr im klaren sein müssen als über diesen Punkt. Es ist lebenswichtig, daß wir in diesem Zusammenhang nichts durcheinanderbringen. Wir sind der Bau Gottes, und er ist in uns. Wo wir sind, da ist Christus. Wenn wir uns hierin nicht sicher sind, werden wir niemals wachsen.
Oft sagen Leute zu mir: »Bruder, wir müssen den Herrn suchen!« Ich antworte ihnen dann: »Ich habe ihn nie verloren!«
Was meinst du damit, wenn du sagst: »Suche den Herrn?« Das ist doch ein Konzept des alten Bundes. Ich weiß nicht, wie es um dich steht. Ich für mein Teil lebe im neuen Bund und habe Jesus vor langer Zeit gefunden, und er ist in mir.
Natürlich, manchmal wenn wir beten, stellen wir uns ihn weit entfernt vor. Wir bitten: »Herr, ich möchte deine Stimme hören. Herr, Herr, Herr . . .« Wir strecken unsere Hände aus, so als streckten wir uns ihm entgegen. Aber er sagt: *»Es tut mir leid, je höher du zeigst, desto mehr entfernst du dich von mir. Ich bin nämlich dort unten in dir.«*
Christus ist in dir, und das ist der einzige Ort, an dem du ihn erleben kannst.
Unter dem alten Bund haben sie gesagt: »Laßt uns unsere Hände aufheben zum Heiligtum.«
Aber was ist das Heiligtum heute? Es ist etwas völlig anderes als es damals der Tempel war. Wir sind das Heiligtum!
Ich will damit nicht sagen, daß wir unsere Arme nicht in

Anbetung und Lobpreis aufheben sollen. Wenn du deine Arme erhebst, weil du vor innerer Freude explodierst und das nach außen hin ausdrücken möchtest, dann ist das wundervoll. Wenn das Glück von dir ausströmen möchte, dann hebe ruhig deine Arme.
Aber wenn das Aufheben der Hände dir das Gefühl gibt, daß Gott irgendwo dort draußen ist, dann nimm die Hände herunter! Das gehört nicht zum neuen Bund. Wenn du deine Hände ihm entgegenstrecken möchtest, dann richte deine Finger auf dich selbst. Dort findest du nämlich Jesus, in dir!
Wir müssen uns fortwährend der Tatsache bewußt sein, daß er in uns ist. Wir müssen ohne den Anflug eines Zweifels davon überzeugt sein, daß wir die Kraft dessen in uns haben, der das Universum in seinen Händen hält.
»Erfüllt mit aller Gottesfülle«, so hat Paulus es ausgedrückt. Wenn wir das wirklich begriffen haben, so daß wir nicht mehr länger verwirrt sind in bezug auf den Ort, an dem Jesus ist, dann müssen wir lernen, daß das, was wir haben, auch ausströmen kann auf andere.

5. Wir wissen nicht, was wir haben

Es gibt Gläubige, in deren Leben hat der Fußball den Platz von Christus eingenommen. Bei anderen ist es das Geld, das an die Stelle von Jesus getreten ist. Sie besuchen nicht mehr regelmäßig den Gottesdienst, und die Gemeinde blickt mit Sorge auf sie, weil sie nicht mehr christuszentriert leben.
Es ist sehr schlimm, wenn der Fußball oder das Geld die Stelle Christi einnehmen. Aber es ist nicht weniger tragisch, wenn an sich gute Dinge den Platz von Jesus im Leben der Christen einnehmen – die Bibel zum Beispiel oder die Gemeindeveranstaltungen.
Manche Menschen suchen jede Woche ihren Psychiater auf. Sie behaupten, daß sie diese Stunde mit dem Psychiater zum Überleben brauchen; aber für manche von uns bilden die Gemeindeveranstaltungen eine ebensolche Überlebensstrategie.
Gemeindeveranstaltungen können wunderbar sein. Aber mein geistliches Leben darf sich nicht auf Veranstaltungen gründen. Es muß in Christus gegründet sein. Wie wir in einem Lied singen: »Meine Hoffnung hängt an Jesu Blut und Gerechtigkeit. Jeder andere Grund ist lockerer Sand.«
Wir haben Paulus' Gebet für die Epheser betrachtet und dabei gesehen, daß es sein Verlangen war, daß die Gläubigen am inwendigen Menschen gestärkt werden. Nun können unsere Veranstaltungen dabei eine Hilfe, aber auch ein großes Hindernis sein. Es hängt davon ab, ob wir veranstaltungszentriert oder christuszentriert leben.
»Aber leben wir denn nicht alle christuszentriert?« könnte jemand fragen.
Wenn ich manche Dinge höre, die Christen von sich geben, dann muß ich mich allerdings fragen, ob sie wirklich christuszentriert leben. Häufig höre ich Aussprüche, die mir

Sorgen machen. Besonders unter den Charismatikern und Pfingstlern kann man oft hören: »Seit ich diesen Raum betreten habe, spüre ich die Gegenwart des Herrn.«
Da muß ich doch fragen: »Und wo war der Herr, bevor ihr hier herein kamt?«
Es ist doch so, wenn wir ihn nicht mitbringen, ist er nicht da. Es ist nicht seine Art, an der Decke zu hängen und sich jedesmal auf die Leute herabzulassen, wenn eine Veranstaltung stattfindet. Er wohnt nicht in Gebäuden. Er wohnt in Menschen.
Christus lebt nicht im Vatikan, noch in Dallas, noch in Berlin. Er wohnt nicht in Städten oder Dörfern. Er wohnt in den Herzen von Individuen. Wenn er im Vatikan ist, dann deshalb, weil er im Herzen seiner Diener wohnt, aber nicht weil er sich in den Gebäuden des Vatikans aufhält.
Wenn Christus in der Versammlung ist, zu der du gehst, dann deshalb, weil er in dir ist. Du hast ihn mitgebracht. Wie kannst du also sagen: »Sobald ich zur Versammlung komme, spüre ich die Gegenwart des Herrn?« Das hört sich nett an, ist aber eine Irrlehre.
Verwechsle Gefühle nicht mit der Gegenwart Gottes.
Wenn mir die Leute erzählen: »Ich spüre die Gegenwart Gottes«, dann frage ich mich ernstlich, ob sie das geringste Verständnis vom neuen Bund haben. Dieselben Leute, die die Gegenwart Gottes in den Veranstaltungen »spüren«, sagen auch: »Herr, ich bin ausgedörrt« – wo sie doch Ströme lebendigen Wassers in sich haben!
Manchmal sagen die Leute zu mir: »Bruder Ortiz, Sie sind ein so geistlicher Mensch. Sie müssen sehr viel Zeit mit dem Herrn allein verbingen. Wieviel Zeit sind Sie täglich mit ihm allein?«
Ich antworte ihnen dann: »Sobald Sie mich verlassen, werde ich wieder allein mit ihm sein.«
Ich bin nämlich den ganzen Tag mit ihm zusammen. Er ist in mir, und ich bin eins mit ihm; so bleibt mir gar keine andere Wahl als fortwährend mit ihm zusammenzusein. Auch wenn

ich mit andern Menschen zusammen bin, bin ich mit ihm zusammen, und wenn ich allein bin, bin ich es auch mit ihm.
Ich frage diese Leute dann: »Was meinen Sie, wenn Sie vom Alleinsein mit dem Herrn sprechen? Denken Sie, daß ich mit meinem Herrn verabrede: ›Herr, nächste Woche möchte ich von eins bis zwei jeden Nachmittag mit dir allein sein. Kannst du dann bitte kommen und bei mir sein?‹«
Vielleicht meinst du, daß man irgendwohin auf einen Berg gehen muß, um mit dem Herrn allein zu sein. Das ist nicht erforderlich. Er ist immer bei uns. Du stehst mit ihm in Verbindung, und zwar in der engsten Verbindung, die überhaupt möglich ist. Er ist in dir!
Ich kann auch nicht sagen: »Herr, könntest du bitte weggehen, solange ich mit dieser Person spreche?« Er kann mich nicht verlassen, weil wir eins sind! Er ist mein Leben, wie könnten wir also auch nur für einen Moment getrennt werden?
Ich stehe in einem ständigen Dialog mit ihm. Wenn ich mit einem Menschen gesprochen habe und er mich verläßt, dann sage ich: »Herr, segne ihn.« Das ist nicht eine religiöse Haltung, das ist ein Lebensverhältnis.
Viele von uns sterben an Durst mitten im Amazonas! Wir haben Ströme lebendigen Wassers in uns, bereit als gewaltige Strömung hervorzubrechen, aber wir wissen es nicht und fühlen uns durstig.

Wir erinnern uns an den älteren Bruder des verlorenen Sohns. Als der verlorene Sohn zurückkam, machte der Vater ein Fest. Sie feierten eine große Party, und sie schlachteten ein gemästetes Kalb. Der ältere Bruder hörte die Musik und das Tanzen und er fühlte sich ausgeschlossen. Als er erfuhr, daß sein Bruder zurückgekommen war und ein großes Fest veranstaltet wurde, drehte er durch.
Der Vater kam zu ihm heraus und sagte: »Komm herein und feiere mit!«
»Nein, ich habe keine Lust dazu«, sagte er. »Ich bin immer

bei dir zu Hause geblieben, aber mir hast du nicht einmal einen kleinen Bock für ein Fest mit meinen Freunden gegeben. Und nun kommt dieser Lump, und für den schlachtest du das gemästete Kalb.«
Darauf erwiderte ihm der Vater: »Du bist doch immer bei mir gewesen und alles, was mir gehört, war und ist doch dein.«
Mit anderen Worten: »Wenn du dir keinen Bock geschlachtet hast für ein Fest mit deinen Freunden, dann deshalb nicht, weil du ein Narr bist.«

Der Sohn beklagte sich, obwohl er alles hatte, was er sich nur wünschen konnte. Um die Ströme Gottes in uns freizusetzen, müssen wir zugreifen und das in Anspruch nehmen, was Gott uns in seinem Wort verheißt.
Ich liebe Illustrationen, weil sie oft ein viel klareres Bild vermitteln, als allein theologische Definitionen. Einmal habe ich einen meiner Diakone gebeten, mir dabei zu helfen, der versammelten Gemeinde den neuen Bund zu illustrieren.
Ich verabredete also vor dem Gottesdienst mit ihm, daß ich ihn etwa in der Mitte der Predigt um sein ganzes Geld bitten werde. Ich gab ihm vorher meine Brieftasche voller Geld, aber niemand in der Gemeinde wußte, daß es meine Brieftasche war. Ich sagte zu ihm: »Bruder Smith, wenn ich dich auffordern werde, mir dein Geld zu geben, dann gibst du mir die Brieftasche.«
Nach meiner Aufforderung stand er also auf und gab mir die Brieftasche. Jeder war erstaunt. Ich zeigte der Gemeinde, wie viel Geld in der Brieftasche war und alle waren sehr erstaunt. Ich nahm die Brieftasche, sagte: »Danke« und steckte sie in die Westentasche.
Wir sahen viele überraschte Gesichter, aber nur der Diakon und ich wußten um das Geheimnis. Natürlich gehörte das Geld mir. Und wenn er mir die Brieftasche nicht gegeben hätte, hätte ich ihn belangen können!
Wenn Gott dich bittet, etwas zu tun, dann deshalb, weil er

dir zuvor die Kraft dazu gegeben hat. Wenn er dich also bittet zu lieben, und du tust es nicht, dann könnte er dich »belangen«. Er hat dir nämlich die Fähigkeit zur Liebe gegeben, weil Christus in dir ist. »Ich vermag alles durch Christus, der mich mächtig macht«, hat Paulus gesagt.

Es geht nicht darum, daß wir von Gott noch mehr bekommen müssen, sondern wir müssen es lernen, daß wir das alles freisetzen, was wir schon haben. »Die Liebe Gottes ist ausgeschüttet«, sagt Paulus. Wohin? »In unsere Herzen.« Deshalb ist all die Liebe, die wir brauchen, schon da.

Sage nicht: »Herr, gib mir mehr Liebe, damit ich meinen Bruder lieben kann.«

Wenn du deinen Bruder nicht liebst, dann nicht, weil du etwa nicht genug Liebe hast. Alle Liebe, die du brauchst, ist in dir. Du brauchst nicht mehr Liebe. Du mußt nur wissen, wie du den Strom der Liebe, der in dir ist, freisetzt.

Gott erwartet niemals etwas von uns, was wir nicht tun können. Er wird dich niemals um etwas bitten, wozu er dir nicht die Befähigung gegeben hat. Das ist sein Versprechen im neuen Bund. *»Ich* werde dich *bewegen,* in meinen Wegen zu gehen.«

Du erinnerst dich an den Vorfall, als Petrus und Johannes zum Tempel gingen und dort an der schönen Tempeltür einen lahmen Mann sitzen sahen.

Sie haben nicht auf den Mann gezeigt und zu ihm gesagt: »Du mußt mit zu unserer Evangelisation kommen, damit wir dir die Schritte zur Heilung beibringen können. Wenn du sie lernst und ihnen glaubst, dann kannst du geheilt werden.« Nein, sie haben gesagt: »Was wir haben, geben wir dir.«

Ich habe einmal einen Evangelisten zum Verkündigungsdienst in unsere Gemeinde eingeladen. Am Schluß einer Versammlung sagte er: »Wenn ihr keinen Glauben habt, dann kommt nicht zum Thron.«

Ich habe dann im persönlichen Gespräch zu ihm gesagt: »Schau, wenn wir genug Glauben hätten, dann hätten wir dich nicht nach hier einzuladen brauchen. Wir wollten dich

aber hören, weil wir davon ausgingen, daß du mehr Glauben hast als wir.«
Petrus und Johannes forderten den Mann nicht auf, etwas zu tun, sondern sie gaben ihm das weiter, was sie bereits hatten. Es waren jene Ströme des lebendigen Wassers, die beständig aus ihnen heraussprudelten. Sie *wußten,* was sie hatten. Unser Problem ist, daß wir nicht wissen, was wir haben.
Wir sagen: »Oh, bitte, heile den und den, Herr!«
Und dann wenden wir uns an den Betreffenden und sagen: »Nun bewege dein Bein.«
Wir sollten aber sagen: »Was wir haben, das geben wir.«
Ich will das, was wir tun, nicht lächerlich machen. Wir sollten es ruhig weiter tun, wenn es den Menschen in der Zwischenzeit hilft. Aber Preis sei dem Herrn für das, was er uns bereits gegeben hat. Ich warte aber auch auf mehr, ich warte auf das volle Offenbarwerden des neuen Bundes, auf das unbegrenzte Ausströmen Christi durch uns. Und ich hoffe, daß wir anfangen zu begreifen, wie das geschehen kann.

Was bedeutet es, im Geist zu leben? Es ist eigentlich ganz einfach. Im Geist leben und im Geist sein, das ist das fortwährende Bewußtsein der Gegenwart Christi in uns. Das ist alles!
»Wie bitte, das ist zu einfach?« meinst du.
Über dieses Thema sind viele Bücher geschrieben worden. Manche sind sehr gut. Die meisten Bücher behandeln aber Dinge, die wir lieber *ver*lernen statt lernen sollten. Sie enthalten irrige Meinungen.
Was soll ein Neubekehrter tun? Muß er erst alle Bücher von Watchman Nee lesen, um fähig zu sein, im Geist zu leben? Wenn er es müßte, dann würde das Leben im Geist sehr kompliziert und schwierig. Viele Menschen können diese vielen Bücher gar nicht lesen.
Das Leben im Geist ist die leichteste Sache der Welt. Die Dinge des Reiches Gottes sind immer leicht und einfach.

Deshalb hat Jesus gesagt, daß wir, um das Leben des Reiches Gottes zu verstehen, unsere Intelligenz vergessen müssen. Wir müssen wie die Kinder werden.
Besonders in unserer Zeit sind die Menschen sehr gebildet, weil wir alle eine Menge an Erziehung und Bildung genossen haben. Die Folge ist, daß viele Gesetzmäßigkeiten des Evangeliums von uns nicht mehr verstanden werden – nicht weil sie so schwierig, sondern weil sie zu einfach sind und uns deshalb nicht ansprechen.
Ein Verantwortlicher in unserer Gemeinde ist Doktor der Ökonomie und Professor der Mathematik an einer Universität.
Eines Morgens habe ich ihn im Rahmen meiner Predigt gefragt: »Wieviel ist zwei plus zwei?«
Zuerst hat er mich belustigt angelächelt, weil die Antwort so offensichtlich war; aber ich habe nicht zurückgelächelt. Ich habe ihn abwartend mit fragendem Blick angeschaut. Daraufhin wurde er ernst. Er überlegte sehr angestrengt und prüfte alle Gleichungen durch, die ihm im Zusammenhang mit der Zahl zwei einfielen.
Ich verhielt mich ruhig, und die ganze Gemeinde lauschte aufmerksam. Nach einer Weile sagte er: »Ich weiß es nicht, Pastor.«
Ich sagte: »Vielen Dank.«
In der nächsten Reihe saß ein kleines Kind. Ich fragte nun also das Kind: »Wieviel ist zwei plus zwei?«
»Vier«, kam es wie aus der Pistole geschossen.
Für einen Doktor der Mathematik war das also zu einfach. Er konnte es nicht glauben, daß ich ihm eine derart einfache Frage stellen würde. Und weil die Lösung so einfach war, fing er an, nach etwas Komplizierterem in meiner Frage zu suchen.
Jesus hat einmal gesagt: »Danke, Vater, Herr des Himmels und der Erde, daß du diese Dinge den Weisen und Klugen verborgen hast und hast es den Kindern geoffenbart.« Wenn wir verstanden haben, was Jesus damit gemeint hat – daß

nämlich das Leben im Reich Gottes eine sehr einfache Sache ist – dann haben wir den Schlüssel gefunden, um in fortwährender Freude und im inneren Frieden zu leben.
Die Dinge des Reiches Gottes müssen sehr einfach sein, wenn sie den Armen und Ungebildeten etwas zu sagen haben sollen. Die Spitzfindigkeiten, die nicht einfach sind, mögen vielleicht für manche Theologen interessant sein, sie brauchen aber mich nicht zu interessieren.
Das Leben im Geist ist einfacher, als du es dir vorstellst. Du brauchst überhaupt keine Bücher zu lesen. Nicht einmal dieses. Je mehr jemand liest, desto verwirrter wird er werden. Auf diesem Wege kann man nicht die Einfachheit des Evangeliums verstehen lernen. Deshalb gebe ich nie Bücher an Neubekehrte weiter.
Wir müssen uns unsere Herzensaugen öffnen lassen, um zu erkennen, daß Chrisus in uns ist, und daß wir deshalb alles haben, was für ein Leben im Geist nötig ist. Wenn wir einmal erkannt haben, daß er in uns ist, und daß wir mit ihm eins sind und ständig in seiner Gegenwart leben, dann wird das Leben sehr einfach für uns.
Stell dir vor, du seist eine Schwester in unserer Gemeinde, und ich sehe dich an der Straßenecke stehen. Ich denke bei mir: »Ich will mal hingehen und ihr guten Tag sagen.« Inzwischen bist du weitergegangen. So gehe ich hinter dir her, um dich einzuholen. Du bist dir aber nicht bewußt, daß ich es bin und gehst weiter. Wenn du schließlich merkst, daß jemand hinter dir hergeht, fängst du an, immer schneller zu gehen. Am Ende fängst du an zu laufen und ich laufe auch.
Nach drei Häuserblöcken rufe ich völlig außer Atem: »Schwester, ich bin es . . . Johnny Ortiz!«
»Oh, Bruder Ortiz, was für ein Segen, Sie zu treffen. Halleluja!« sagst du dann.
»Aber ich bin doch schon seit drei Straßenecken hinter Ihnen hergelaufen«, erkläre ich dir, »aber Sie wußten nicht, daß ich es war.«

Manchmal machen wir es so mit Jesus. Wir behandeln ihn, als wäre er nicht da.
Du siehst, wir können von Jesus sprechen, aber in unserem Bewußtsein können wir weit von ihm entfernt sein. Zum Beispiel wenn wir Worte singen wie: »Komm in mein Herz, Herr Jesus«, obwohl er doch schon da ist.
Wir erinnern uns an die zwei Jünger, die nach Emmaus gingen. Sie sprachen über Jesus. Und während sie es taten, holte er sie ein und fing an, sich an ihrer Unterhaltung zu beteiligen. Sie sprachen über ihn, aber sie waren sich völlig im unklaren über die Tatsache, daß er bei ihnen war.

»Worüber redet ihr?« fragte er sie.
»Wie, du weißt das nicht?« entgegneten sie verwundert. »Jeder spricht doch über Jesus Christus. Bist du denn ein Fremder, der gerade erst in die Stadt gekommen ist? Weißt du nicht einmal, wer er war?«

Selbst als er anfing, ihnen die Schrift über sich selbst auszulegen, blieben sie sich im unklaren über seine Gegenwart.

Norwegen produziert die billigste Elektrizität in der Welt. Deshalb schalten die Norweger auch nie das Licht aus. Sie lassen es Tag und Nacht brennen. Ihre Elektrizität wird durch die vielen Flüsse und Wasserfälle in ihrem Land gewonnen.
Die Wikinger lebten vor Jahrhunderten in demselben Land, sie benutzten aber Kerzen. Sie haben die Kraft nicht genutzt, die ihnen zur Verfügung stand, weil sie nichts von ihrem Potential wußten.
Paulus betete darum, daß wir die ganze Gottesfülle nach der Macht, die *in* uns wirksam ist, erleben. Wir aber singen: »Komm und stille meine durstige Seele ...« Wie töricht. Wir bitten aus Mangel an Einsicht um etwas, was wir schon haben.

Ich möchte mir manchmal die Kinder Gottes vornehmen und sie aufrütteln. Wir müssen erkennen, wie töricht wir bisher gewesen sind. Wir müssen diese Situation ändern, weil die Welt darauf wartet, daß wir aufwachen, damit wir ihr nicht mehr eine Lehre, sondern das Leben vermitteln.
Christus ist den ganzen Tag über in uns. Wir aber denken, daß er nur in unseren Versammlungen gegenwärtig ist. Deshalb gehen wir dorthin, um seine Gegenwart zu spüren.
Wir tun so, als befinde er sich in der Decke des Kirchengebäudes. Wenn wir hineinkommen, stellen wir uns vor, daß wir ihn durch unser Singen von dort oben herabziehen können. Wenn wir also zwei oder drei jener »schönen« Lieder gesungen haben, kommt er zu uns und segnet uns – dann steigt er wieder auf bis zum nächsten Sonntag, wenn wir wiederkommen, um erneut seine Gegenwart zu spüren.
Es gibt Leute, die gehen von einem »schönen« Treffen zum andern, um die Gegenwart des Herrn zu erleben. Aber diese Leute leben nicht im Glauben. Paulus hat gesagt, daß wir Christus erleben sollen, der in unseren Herzen durch den Glauben lebt, damit wir uns fortwährend seiner Gegenwart bewußt sind.
Es gibt über die Gegenwart Gottes eine Menge Verwirrung. Wenn der Chor schön singt, die Orgel gut spielt, der Solist Glanzleistungen vollbringt und der Pastor sich inspiriert anhört, dann sagen wir: »Oh, wie war die Gegenwart Gottes heute spürbar!«
Aber wenn der Chor die Melodie nicht hält, wenn der Organist nicht gekommen ist und der Pastor sein Konzept vergessen hat, dann sagen wir: »In diesem Gottesdienst haben wir die Gegenwart Gottes sehr vermißt.«
Nein, was wir vermißt haben war nicht die Gegenwart Gottes. Gottes Gegenwart ist nicht von dem Chor, dem Organisten oder dem Pastor abhängig. Wir haben Gottes Gegenwart, wir haben Christus in uns, ob nun der Organist kommt oder nicht. Es hängt nicht davon ab, ob der Chor schön singt oder nicht.

»Ein Strom des Lebens fließt aus mir«, singen wir. Woher kommt denn der Strom? Nicht von dem schönen Singen oder der Atmosphäre des Gottesdienstes, sondern aus uns heraus. Wir brauchen keine äußeren Dinge, damit der Strom fließt.

Der Schreiber des Hebräerbriefes sagt, daß alle diese äußeren Dinge ins Wanken geraten und daß nur das Nichtwankende bestehen bleibt. Wir müssen also vorsichtig sein und dürfen uns nicht auf die äußerlichen Dinge verlassen, um die Gegenwart Gottes zu spüren. Denn diese Dinge könnten ins Wanken geraten, und wir könnten die Orgel und den Chor, das Gebäude, den Pastor und vieles andere verlieren. Christus aber bleibt für immer.
Stütze dich nicht auf die vergänglichen Dinge, stütze dich auf das unwandelbare Reich Gottes, das in unseren Herzen Raum hat, weil Christus dort lebt. Die anderen Dinge sind nur Beiwerk oder Verzierung.
Danke Gott für den Luxus, den wir in unseren Kirchen und Gemeinden haben – die Chöre, die Gebäude, die Orgeln und Klaviere. Danke Gott, daß wir den Luxus talentierter Leute haben, die uns mit ihren Begabungen zur Verfügung stehen. Aber diese Dinge können wir über Nacht verlieren – die vielen großen Kirchengebäude, ja selbst den Pastor dieser Gemeinden. Christus in uns wird aber immer da sein.
Ist es dir schon einmal aufgefallen, daß Paulus immer die gleiche Haltung hatte, ob er auf der Kanzel stand oder im Gefängnis lag?
Er konnte mit der Orgel und dem Piano leben – aber auch mit Gefängnis und Ketten. Er war davon unabhängig. Er konnte da und dort Loblieder singen, selbst nachdem er 39 Hiebe auf seinen Rücken bekommen hatte.
Warum konnte Paulus das?
Er sprach von »dem Gott, dem er im Geist diente«. Es waren nicht die Atmosphäre, nicht das Gebäude, die Orgel oder die Kerzen, die bei Paulus zur Anbetung führten. Er

betete im Geist, unabhängig von den äußeren Dingen. Und auch wir müssen uns daran gewöhnen, ohne diese Dinge auszukommen, damit wir unsere Aufmerksamkeit allein auf Christus richten können, auf den König, der in unserem Geist regiert.
Im Geist wandeln heißt, sich beständig seiner Gegenwart bewußt zu sein.
Stell dir vor, ich will dich besuchen. Ich klopfe an die Tür, aber niemand öffnet. Ich lausche und höre drinnen Geräusche.
»Es ist jemand da«, sage ich mir, »aber er will die Tür nicht öffnen.«
Ich klopfe sehr laut an die Tür, aber da ist keine Reaktion. So öffne ich die Tür und trete ein. Und du bist da.
»Hallo, wie geht's?«
Du antwortest nicht. Statt dessen gehst du in die Küche. Ich folge dir dorthin.
»Ich bin gekommen, um dich zu besuchen«, erkläre ich.
Du ignorierst mich und fängst an, Kartoffeln zu schälen. Wenn du damit fertig bist, gehst du in einen anderen Raum und fängst an, aufzuräumen.
Wieder folge ich dir. Du gehst in den Supermarkt und ich folge dir auch dorthin. Du gehst zur Bank, und ich gehe auch dorthin mit. Aber du schenkst mir keine Beachtung.
Den ganzen Tag folge ich dir, aber du sprichst nicht einmal mit mir.
Am nächsten Tag komme ich wieder in dein Haus. Ich folge dir den ganzen Tag, und immer noch ignorierst du mich. Du verhältst dich, als seist du dir in keiner Weise meiner Gegenwart bewußt.
Am Sonntag kommst du zum Gottesdienst und siehst mich dort. »Oh, Bruder Ortiz, wie geht es Ihnen? Ich freue mich so sehr, Sie zu sehen!«
Du tust so, als hättest du mich lange nicht gesehen.
»Was ist los?« frage ich. »Ich bin doch die ganze Woche bei dir gewesen!«

So machen wir es mit Jesus. Er ist die ganze Woche bei uns, aber wir warten bis zum Sonntag, um seine Gegenwart zu spüren. Wir behandeln ihn, als sei er nicht die ganze Zeit bei uns gewesen. Und ich muß dir sagen, daß diese Art Religion ein Irrglaube ist, der in völligem Gegensatz zur Bedeutung des neuen Bundes steht.
Wenn Jesus der Herr der Gemeinde ist, dann will er es nicht nur eine Stunde oder nur am Sonntag sein. Er möchte eine beständige, fortwährende Gemeinschaft mit uns an jedem Tag der Woche. Wenn er kommt, verläßt er uns nie mehr. Er ist immer bei uns, 24 Stunden pro Tag.
Es wird Zeit, daß wir uns seiner Gegenwart bewußt werden.

6. Guten Morgen, Herr Jesus

Während meiner Studentenzeit in der Bibelschule wurde uns gesagt, daß wir uns, um im Geist zu wandeln, an jedem Morgen eine Stunde Zeit zum Gebet und Bibellesen freihalten sollten.
Um damit um 6 Uhr anfangen zu können, mußte ich bereits um 5 Uhr aufstehen. Und ich tat es treu. Tag für Tag schleppte ich mich aus dem Bett, um zu beten und eine Stunde lang meine Bibel zu lesen.
Aber eines Tages schaffte ich es einfach nicht; ich war zu müde. Die Folge war, daß ich den ganzen Tag über Schuldgefühle hatte.
Dann kam aber der Tag, an dem mir klar wurde, daß mit Christus, der in uns lebt, ein fortwährender Dialog möglich ist.
Als ich damit begann, den ganzen Tag über mit ihm Gemeinschaft zu haben, ging ich zunächst wie bisher um 6 Uhr auf die Knie. Der Unterschied war aber nun der, daß ich danach weiter mit ihm im Gespräch blieb, den ganzen Tag über.
Eines Tages fragte mich der Herr, nachdem ich meine Morgengebetszeit beendet hatte: *»Warum kniest du dort? Sprichst du nicht die ganze Zeit mit mir, auch wenn du nicht dort kniest?«*
Es begann mir zu dämmern, daß das ständige Gespräch mit Jesus zu einem bedeutsamen Teil meines realen Lebens geworden war. Aber eine Stunde pro Morgen konnte nicht Ausdruck dieses Lebens sein, sondern sie war für mich Ausdruck eines Gebundenseins an eine Religion. Die Verbindung mit Jesus den ganzen Tag über war aber Freude für mich, meine vorgeschriebene Gebetszeit dagegen nur eine Pflichterfüllung.

Ich glaube, daß viele Menschen in ihrem täglichen Leben in einer solchen Knechtschaft innerhalb eines religiösen Systems stehen, weil sie nicht wissen, daß das Wandeln im Geist mit dem Bewußtsein der ununterbrochenen Gegenwart Christi gekoppelt ist.

Inzwischen habe ich es mir zur Gewohnheit gemacht, mit meinem Herrn in einem ständigen Dialog zu stehen.
Sobald ich am Morgen aufwache, strecke ich mich, gähne und sage: »Guten Morgen, Herr Jesus. Wie geht es dir?« (Ich bin dabei noch im Bett, nicht auf meinen Knien!)
Er antwortet mir: »Gut. Und dir, Johnny?«
»Wunderbar«, entgegne ich. »Ich habe letzte Nacht so gut geschlafen.«
»Ja, das habe ich gesehen.«
»Oh, ich glaube, ich bleibe noch ein paar Minuten im Bett, Herr.«
Weil Jesus aber mein Freund ist, möchte er, daß mein Tag gut verläuft und drängt mich darum: »Johnny, steh auf. Du weißt doch, wenn du im Bett bleibst, dann mußt du nachher hetzen. Warum willst du dir den Morgen damit verderben? Du bist doch wach, da kannst du auch aufstehen.«
»Ja, Herr, aber ...«
»Komm, steh auf. Vielleicht kannst du am Sonntag ausschlafen. Aber heute steh auf, damit du nicht hetzen mußt.«
So stehe ich also auf und gehe ins Badezimmer, um zu duschen. Während ich das tue, führe ich meinen Dialog mit ihm fort.
»Herr«, sage ich, »während ich das Äußere meines Körpers wasche, wasche du mein Inneres.«
»Das hast du wirklich nötig, Johnny!« sagt er zu mir.
Nachdem ich meine Duscherei beendet habe, ermahnt er mich, ein guter, ordentlicher Ehemann zu sein. Weil ich Wasserpfützen auf dem Fußboden hinterlassen habe, sagt er zu mir: »Johnny, wisch den Boden im Badezimmer auf – da ist das Scheuertuch. Und die Haare im Sieb nimm auch raus.«

»Herr«, wende ich ein, »das kann meine Frau später machen. Sie hat mehr Zeit.«
»Tu du es, Johnny«, befiehlt er mir. »Ich will dir beibringen, ein guter Ehemann zu sein.«
»Ja, Herr.« Und ich mache alles ordentlich.
Dann fragt er mich: »Wie fühlst du dich jetzt?«
»Großartig, Herr.« Es ist wirklich ein gutes Gefühl, anderen Menschen Liebe zu zeigen.

Ich gehe zurück ins Schlafzimmer und sage zu mir selbst: »Wollen wir mal sehen, was ich heute anziehe.« Ich nehme eine graue Hose und eine blaue Jacke aus dem Schrank. Die blaue Jacke ist aber verkrumpelt. Mal sehen, ob diese braune Jacke paßt. Nein, sie paßt nicht zu der grauen Hose. Ich ziehe lieber die beige Hose an.«
Mittlerweile habe ich verschiedene Kombinationen auf dem Bett liegen, und eigentlich möchte ich sie dort liegen lassen, damit sie meine Frau wieder wegräumt.

Wieder sagt der Herr zu mir: »Johnny!«
»Bitte?«
»Häng die Sachen weg.«
»Aber meine Frau kann das doch machen.«
»Mach es selbst, Johnny.«
»Ja, Herr.« So hänge ich die Kleidungsstücke dorthin zurück, woher ich sie genommen habe, und das Zimmer sieht wieder ordentlich aus.
»Nun, wie fühlst du dich?«
»Großartig, Herr, wirklich großartig.« Mittlerweile ist es Zeit, ins Büro zu fahren. Die Zeit ist knapp geworden. Ich werde womöglich den Bus verpassen.
Ich bin schon an der Tür und habe mir nicht die Zeit genommen, meiner Frau einen Kuß zu geben, und der Herr sagt zu mir:
»Johnny!«
»Bitte?«

»Du hast dich nicht von deiner Frau verabschiedet.«
»Aber Herr, es ist schon so spät!«
»Komm, tue es – sonst wird sie für den Rest des Tages traurig sein.«
»Schatz, tschüß. Ich muß jetzt los.« Dann gebe ich ihr einen Kuß.
»Oh, ich habe schon gedacht, du würdest loslaufen, ohne dich zu verabschieden!« Ich merke, daß sie erleichtert und erfreut ist.
»Danke, Jesus«, flüstere ich, und ich freue mich, daß er weiß, wie man in vielen Kleinigkeiten Liebe zeigen kann.

Wenn mich die Leute davon sprechen hören, daß ich mit Jesus ständig im Gespräch bin, dann fragen sie: »Was hast du ihm alles zu erzählen?«
Meinst du, daß Jesus in unser Herz kommt, nur um mit uns über die Taufe oder das Tausendjährige Reich zu sprechen? Natürlich nicht. Er möchte uns lehren, wie wir leben sollen – wie wir liebevolle Ehemänner und gute Väter sein können. So spricht er den ganzen Tag lang mit mir, und ich spreche mit ihm. Wir besprechen alles miteinander.
Die Art, wie viele Christen öffentlich beten, zeigt, daß sie Jesus nicht als ihren besten Freund kennen.
Wenn du deinen Freund hast, dann tauschst du dich über die alltäglichen Dinge des Lebens mit ihm aus. Dein Vokabular, dein Satzbau und die Themen, die du mit ihm besprichst, sind völlig anders als bei Gesprächen mit einem Menschen, den du nur gelegentlich triffst. Du läßt das Protokoll fallen und wirst intim.
Wenn du Leben statt Religion hast, dann wird dein Verhältnis zu Jesus intim, weil du in der Freundschaft zu ihm wächst. Was du mit ihm besprichst, wird jeden Tag wieder neu und anders sein.
Am Anfang meines Dienstes als Pastor war ich noch ledig. Martha, die heute meine Frau ist, gehörte zu meiner ersten Gemeinde. Eines Sonntagsmorgens nach dem Gottesdienst

ging ich nach draußen vor das Gebäude. Dort stand Martha mit einer Gruppe von Mädchen.
»Martha«, sagte ich, »ich würde gern mit dir allein sprechen, wenn das möglich ist.«
»Meinen Sie jetzt gleich?« fragte sie.
»Ja, es wäre nett, wenn wir jetzt gleich miteinander sprechen könnten«, antwortete ich.
»Gut, Pastor«, sagte sie.
Sie kam mit in mein Amtszimmer und dort sagte ich zu ihr: »Schwester Martha, ich möchte wissen, ob dir aufgefallen ist, daß ich für dich anders empfinde als für die anderen Schwestern in der Gemeinde?«
Sie wurde blaß. »Nein, Pastor«, stotterte sie, »das habe ich nicht bemerkt.«
»Gut«, sagte ich, »ich möchte, daß du es weißt und bitte darauf achtest.«
Stell dir vor, ich hätte nach dem ersten Sonntagmorgen, an dem ich zu Martha über meine Gefühle für sie gesprochen habe, am nächsten Sonntag wieder zu ihr gesagt: »Schwester Martha, ich möchte wissen, ob dir aufgefallen ist, daß ich für dich anders empfinde als für die anderen Schwestern der Gemeinde?«
Und am nächsten Sonntag wieder und danach an jedem Sonntag: »Schwester Martha, ich möchte wissen . . .«
Sie hätte mich schließlich angeschrien: »Hör endlich auf!«
Wir hätten auch nie geheiratet und vier Kinder bekommen, denn ein Verhältnis kann sich überhaupt nicht entwickeln, wenn man immer dieselben Worte des »Protokolls« benutzt. Die Worte des »Protokolls« habe ich nur das erste Mal zu ihr gesagt.
Dann sind wir in eine Freundschaft hineingewachsen. Ich brauchte nicht immer dieselben Worte zu wiederholen, weil wir nun miteinander redeten, Gemeinschaft miteinander hatten und uns liebten. Es entwickelte sich zwischen uns eine immer größere Intimität, in der wir alles miteinander teilten.

Aber achte einmal auf die Gebete vieler Leute in den Gottesdiensten. Jahr für Jahr benutzen sie dieselben Worte. »Lieber himmlischer Vater, wir kommen an diesem Morgen vor dein Angesicht. Wir danken dir für diesen Gottesdienst. Wir bitten dich für die, die nicht kommen können, denke an die Kranken, die Missionare . . .«
Am nächsten Sonntag: »Herr, danke für dieses Zusammensein. Wir bitten dich, mit denen zu sein, die nicht kommen können, gedenke an die Kranken, die Missionare . . .«
Wie können wir unserem Herrn nur immer dasselbe in unseren Gebeten sagen?
Unser Herr muß wirklich gelangweilt sein durch dieses ganze »Protokoll«. Manchmal denke ich, ob er sich nicht fragt: »Läuft da eine Kassette ab oder ist das Gebet live?«
Gott ist dein Vater. Jesus ist dein Bruder. Er lebt in dir! Er möchte Gemeinschaft mit dir pflegen und nicht nur auf deine religiösen Protokolle hören.
Die Gemeinde wird als die Braut Christi bezeichnet; wir stehen zu Christus in einem Verhältnis wie zu einer Person, die unser Ehegatte werden soll. Wir sind verliebt in ihn, und er ist unser bester Freund. In einem unserer Lieder singen wir: »Freundschaft mit Jesus, göttliche Gemeinschaft.« Aber das muß auch unsere Erfahrung werden.
Wir singen auch: »Er lebt, er lebt, Christus Jesus lebt heute. Er geht mit mir und er spricht mit mir auf dem schmalen Lebensweg.« Ist das auch wirklich deine Erfahrung? Gehst und sprichst du mit ihm in allen Lebenslagen?
Ich gehe ziemlich oft zum Supermarkt, um dort unseren Einkauf zu erledigen. Nun neige ich dazu, viele Sachen zu kaufen, die wir eigentlich gar nicht brauchen. Wenn ich etwas im Regal sehe, was mir gefällt, packe ich es in den Einkaufswagen.

Doch während ich einkaufe, ist Christus lebendig in mir. Deshalb sagt er zu mir: »Das brauchst du nicht, Johnny.« »Danke, Herr«, sage ich dann zu ihm und stelle es zurück ins

Regal. Du siehst also, er hilft mir sogar beim Einkaufen. Und er will dir helfen, wenn du auf seine Stimme hörst.

Oft gibt es auch unter Christen viel Klatsch. »Hast du schon gehört, Bruder Soundso, der vollmächtige Prediger ...« und heraus kommt dann irgend etwas Schockierendes über diesen Bruder.
»Nein, das kann doch nicht sein!« entgegne ich.
»Doch, ganz bestimmt«, versichert mir der Betreffende.
Etwas später treffe ich mit einem andern Bruder zusammen, und auch er spricht mich an: »Weißt du schon, was mit Bruder Soundso passiert ist?«

Genau in dem Augenblick spricht eine Stimme in mir: »Sag es nicht.«

Bevor ich wußte, daß das die Stimme Jesu ist, fiel ich darauf herein und sagte, was ich wußte. Danach hatte ich ein schlechtes Gefühl. Inzwischen habe ich aber gelernt, auf jene Stimme zu hören und ihr zu gehorchen. Genau das bedeutet es, den Befehlen Jesu nach dem neuen Bund zu gehorchen.
Ich kann dir über manche Unterhaltungen mit Jesus gar nichts sagen, weil du dann schockiert wärst. Viele von euch würden es gar nicht glauben, daß ich tatsächlich in dieser Weise mit ihm spreche. Aber wenn zwischen zwei Personen eine tiefe Freundschaft besteht, dann entsteht eine Nähe, in der man sich über alles austauschen kann.

Auf dem Weg zurück vom Supermarkt sehe ich einen schönen Baum und sage: »Was für ein schöner Baum, Herr, und schau dir nur die Blumen dort an.«
Dann kreuzt eine hübsche Frau meinen Weg.
»Oh, was für eine Frau!«
»Johnny!«
»Herr, erzähle mir nicht, daß sie nicht hübsch ist.«

»Ja, Johnny, aber...«
»Als ich von dem hübschen Baum gesprochen habe, warst du froh. Als ich die Blumen erwähnte, hat es dir gefallen. Jetzt sage ich: ›Was für eine schöne Frau‹ und du bist entsetzt, Herr!«
»Aber, Johnny, du weißt genau, was ich meine.«
Dann muß ich zugeben: »Ja, Herr, ich weiß, was du meinst.«

Ich bin schon gefragt worden: »Bruder Ortiz, betest du wirklich in dieser Art und Weise?«
Ich habe dann zurückgefragt: »Was denkst du denn? Wenn ich eine hübsche Frau sehe, meinst du, daß ich dann sage: ›Herr, das ist nichts für dich, guck weg‹?«
Es gibt Leute, die warten auf die nächste Evangelisation, um zu beichten.
Und Jesus muß diesen Leuten sagen: *»Warum erst jetzt, ich bin und war doch immer bei dir – und du hast bis jetzt gewartet, um mir das zu sagen!«*
Jesus ist die ganze Zeit bei dir – nicht nur, um unsere Sünden zu vergeben, was er natürlich tut, aber er möchte uns vor dem Fallen bewahren. Wenn wir ständig mit ihm in Verbindung stünden, dann wäre Heiligkeit für uns kein Problem mehr.

»Herr, schau dir diese Frau an«, könnten wir vielleicht sagen.
Aber der Herr mahnt: »Johnny, sei vorsichtig.«
»Ja, Herr. Danke, daß du mich erinnert hast, aber schön ist sie doch.«

Er wird mir nicht verbieten zu sagen, daß sie schön ist. Aber weil wir fortwährend im Gespräch sind, hindert er mich daran, in Gedanken weiterzugehen. Bedenke, daß wir mit unseren Augen genauso sündigen können wie mit unseren Leibern.

Vielleicht sagst du: »Bruder Ortiz, wie kannst du wissen, daß es Jesus ist, der zu dir spricht? Es kann doch auch das Fleisch sein, das zu dir spricht, oder der Satan.«
Hör zu. Wenn wir das nicht sicher wissen, dann wissen wir überhaupt nichts. Alle, die durch den Geist geführt werden, die sind Söhne Gottes.
Jesus hat versprochen: »Ich will meinen Geist in euch geben und euch auf meinen Wegen leiten.« Und Jesus hat auch gesagt: »Der Geist der Wahrheit wird euch in alle Wahrheit leiten ... Er wird euch alle Dinge lehren.«
Wenn uns das nicht klar ist, und wenn wir seine Stimme nicht erkennen, dann werden auch seine Verheißungen für uns bedeutungslos.

7. Jesus spricht zu uns durch unser Gewissen

Vor einigen Jahren habe ich einige Bücher gelesen, die wunderbare Wahrheiten enthalten; aber ich fand auch einige Punkte, die mich verwirrten.
Der Autor sprach von Geist, Seele und Leib. Die Seele und der Leib sind der äußere Mensch, erklärte er, und der Geist ist der innere Mensch. Christus wohnt in unserem Geist, in dem inneren Menschen.
Als ich von dem äußeren und dem inneren Menschen las, kam ich durcheinander. Ich konnte diese Aussagen vom praktischen Standpunkt her nicht verstehen.
Eines Tages geriet ich so durcheinander, daß ich sagte: »Herr, ich möchte herausfinden, was mein Fleisch, was meine Seele und was mein Geist ist.« Mit meinem Fleisch hatte ich keine Probleme. Ich konnte meinen physischen Körper anfassen. Und ich wußte, daß meine Seele meine Intelligenz ist, meine Fähigkeit zu denken und zu fühlen.
»Aber wo ist mein Geist?« fragte ich mich. Ich konnte meinen Körper und meine Psyche einordnen, aber nicht meinen Geist. Ich konnte ihn nicht finden.
Ich ging davon aus, daß sich die Seele und der Geist sehr nahestehen. Allerdings besteht zwischen ihnen ein Unterschied, weil in der Bibel steht, daß das Wort Gottes die Seele von dem Geist trennt. Je mehr ich aber darüber nachdachte, was die Seele und was der Geist ist, desto verwirrter wurde ich.
Eines Tages sagte ich bei mir: »Ich werde andersherum anfangen. Anstatt die deduktive Methode zu benutzen, werde ich die induktive wählen. Ich werde von innen her anfangen.« Ich fragte mich also: »Was ist das Innerste, das mich beherrscht?«

Gut, der privateste, innerste Teil meines Seins, ist mein Gewissen. Ich entschloß mich also, in die Bibel zu schauen, um zu sehen, was sie über das Gewissen sagt.
Versuch es doch auch einmal. Mach mal eine Bibelarbeit über das Gewissen. Du wirst feststellen, daß die Bibel das Gewissen als den Geist des Menschen bezeichnet.
Gott hat in uns einen Raum für sich selbst geschaffen. Dieser Raum ist unser Gewissen. Das Neue Testament gebraucht die Worte »Gewissen« und »Geist« abwechselnd. Zum Beispiel hat Paulus gesagt: »Ich diene Gott mit einem reinen Gewissen.« Er hat auch gesagt: »Der Geist gibt Zeugnis unserem Geist – meinem Gewissen.«
Wenn ich von Gewissen spreche, dann weiß jeder, wovon ich spreche. Wenn ich aber »Geist« sage, dann ist nicht sofort klar, was gemeint ist. Und wenn unser Geist diese Zentrale ist, von der aus unser Leben gesteuert werden soll, dann sollten uns die Begriffe schon klar sein. Ich habe also herausgefunden, daß das Gewissen unser Geist ist.
Jetzt kann natürlich sofort jemand sagen: »Bruder Ortiz, du kannst nicht durch dein Gewissen geleitet werden, weil das Gewissen jedem etwas anderes sagt.«
Ich möchte noch einmal herausstellen, was ich gerade gesagt habe, nämlich daß das Gewissen ein Raum ist, in dem Gott selbst wohnt bzw. wohnen will. Wenn Gott natürlich nicht dort wohnt, dann nimmt das Gewissen die Prägung der Dinge an, mit denen wir es füttern.
Wenn du in einem buddhistischen Land aufwächst, dann hat dein Gewissen eine buddhistische Prägung und diktiert dir eine buddhistische Denkweise.
Wenn du in einer katholischen Familie aufwächst, dann wird dein Gewissen von dem katholischen Glauben geprägt. Ein katholischer Bruder hat z. B. keine Schwierigkeiten damit, vor einem Heiligenbild zu knien und das Bild zu verehren, weil sein Gewissen es ihm erlaubt.
Unser Gewissen wird immer im Kontext zu unserem Leben stehen. Wenn du also in einem Haus lebst, in dem fortwäh-

rend Flüche ausgesprochen werden, und in dem der Diebstahl an der Tagesordnung ist, dann wirst du diese Dinge als ganz normal akzeptieren.
Das Gewissen wird heute durch unsere Schulen so stark gepägt, daß manche Kinder zutiefst davon überzeugt sind, daß z. B. freier Sex völlig normal ist.
Ich bin einmal in Buenos Aires in einem Taxi gefahren, dessen Fahrer sehr gesprächig war. Er erzählte mir, daß er, obwohl er verheiratet ist, sich regelmäßig mit Freundinnen in einem Apartment trifft. »Und jetzt kann ich mir das Apartment wegen der Inflation nicht mehr leisten. Ich weiß nicht, wie das noch weitergehen soll, wenn die wirtschaftlichen Probleme immer größer werden«, klagte er mir sein Leid.
Die nächsten zehn Minuten schilderte er mir nun ganz genau, wie sich das Leben in dem Apartment abspielt. Schließlich sagte ich zu ihm: »Sind Sie eigentlich der Meinung, daß alle so leben wie Sie?«
Er sah mich ziemlich verwundert an und fragte mich, wie ich das meine.
Ich erzählte ihm, daß meine Frau die erste Frau war, zu der ich ein engeres Verhältnis hatte, und daß ich sie körperlich erst nach unserer Hochzeit kennengelernt habe, und daß ich mit anderen Frauen nie etwas zu tun gehabt habe.
Darauf fragte er verdutzt: »Von welchem Planeten kommen Sie eigentlich?« Er fand es ganz normal, eine Frau nebenher zu haben, weil sein Gewissen so geprägt war.
Ich bin in einer Pfingstgemeinde aufgewachsen, deshalb ist mein Gewissen von der Pfingstlehre geprägt.
Natürlich durften wir nicht rauchen oder trinken. Und es war nicht erlaubt, Radio zu hören. Öffentlich baden sollten wir nur mit voller Bekleidung, und weil das aber nicht allzu bequem ist, es andererseits aber sündig war, einen Badeanzug zu tragen, badeten wir nie.
Es war uns nicht erlaubt zu pfeifen. Deshalb habe ich auch nie gepfiffen. Selbst heute kann ich es noch nicht. Hätte ich

das Pfeifen versucht, hätte mich mein Gewissen angeklagt, weil ich so geprägt war. Vielleicht lachst du darüber. Aber auch du bist in irgendwelchen Punkten falsch geprägt. Vielleicht hast du ein presbyterianisches Gewissen, und wenn du in Sünde fällst, dann weißt du, daß du trotzdem gerettet wirst, denn einmal gerettet ist immer gerettet. Wenn du Arminianer bist, dann wird dir dein Gewissen sagen, daß du durch Sünde verlorengehen kannst und immer wieder neu gerettet werden mußt, jeden Tag neu.

Die Bibel sagt uns, daß das Blut Jesu unser Gewissen von den toten Werken reinigen wird. Eines Tages begriff ich, daß genauso wie die Weltmenschen von der Drogenabhängigkeit, von geschlechtlicher Verirrung und allen anderen Sünden gereinigt werden müssen, ich von meinem Pfingstlertum gereinigt werden muß.
Mein Gewissen war nicht für das Pfingstlertum geschaffen, genausowenig wie deins nicht für das Presbyterianertum geschaffen ist oder für welche Konfession auch immer. Es wurde geschaffen, damit Jesus darin wohnt. Es ist dafür geschaffen, daß eine Person und nicht ein Konzept darin wohnt. Von dem Augenblick an, als ich Jesus bat, mich zu reinigen, begann er an mir zu arbeiten. Das erste, was passierte, war, daß ich plötzlich jeden lieben konnte. Vorher habe ich Katholiken nicht geliebt; ich habe sogar gegen sie gepredigt. Als ich aber sagte: »Jesus, reinige mich«, konnte ich die Katholiken lieben. Das Resultat war, daß sie mich nun zu sich einladen.
Jesus spricht zu uns durch unser Gewissen.
Wir sind für ein inneres Kommunikationssystem angelegt, und das Gewissen ist das Instrument, durch das Jesus zu uns spricht. Tatsächlich spricht das Gewissen viel schneller als der Verstand. Bevor unser Verstand die Sachlage erfaßt, hat das Gewissen schon gesagt: »Ja!«, oder »Nein!« Wir sprechen dann von Intuition.
Wenn wir Christus bitten, in unserem Herzen zu wohnen,

dann wird sein Geist eine Einheit mit unserem Geist. Er nimmt unsere Intuition unter Kontrolle. Wenn wir also jemanden kritisieren, sagt er sofort: »Laß das!«
Wenn jemand zu mir sagt: »Was sagst du zu Bruder Soundso, Bruder Ortiz?« Dann antworte ich: »Ich weiß nur, daß er ein wundervoller Mensch ist.«
In meinem Herzen sage ich dann: »Danke, Herr, Halleluja! Ich habe mich nicht hinreißen lassen.« Und ich habe ein gutes Gefühl, weil ich der Stimme des Meisters gefolgt bin, als er durch meine Intuition gesprochen hat.
Das Problem ist nur, daß wir unser Gewissen mit dem Verstand verwechseln. Wenn also das Gewissen sagt: »Gib hundert Dollar«, dann geben wir den Auftrag an die Stelle weiter, bei der er überprüft wird. Wir bedenken ihn nun in unserem Verstand. Und jetzt sagt mir der Verstand: »Du hast doch dem Betreffenden schon hundert Dollar gegeben. Weißt du das nicht mehr? Er hat sie nicht ordentlich verwaltet. Warum solltest du ihm noch einmal hundert Dollar geben? Du solltest ihm lieber nichts mehr geben.«
So entscheide ich mich, ihm nichts mehr zu geben und betrübe dadurch den Heiligen Geist.
Den Heiligen Geist betrüben wir nicht nur, wenn wir zu einem Menschen, der in Zungen spricht, sagen: »Sei still.« Nein, den Heiligen Geist betrüben wir auch, wenn wir der inneren Stimme ungehorsam sind.
Wir sind mit Jesus wie mit einem Ehegatten verheiratet. Er wohnt in uns und er hilft uns in allen Lebensfragen, indem er durch unsere Intuition zu uns spricht. Wenn wir also seiner Stimme gehorchen, leben wir in seinem Willen. In Römer 8, 14 steht: »Denn welche der Geist Gottes treibt, die sind Gottes Kinder.« Das ist das Leben im Geist – durch Christus geführt werden über unsere Intuition.

An einem Ostermorgen sang eine Solistin jenes schöne Lied, das wir schon erwähnt haben: »Er lebt, er lebt, Christus Jesus lebt heute; und er geht mit mir, und er spricht

mit mir auf dem schmalen Lebenspfad. Er lebt, er lebt, um mir Erlösung zu schenken. Du fragst mich, wo er lebt? Er lebt in meinem Herzen.«
Alle applaudierten, weil die Sängerin das Lied so schön vorgetragen hatte. Nach dem Gottesdienst ging eine andere Schwester auf sie zu und fragte: »Schwester, was hat er dir gesagt?«
»Wie bitte?« sagte die Sängerin und schaute verdutzt drein.
»Was hat er dir gesagt, als er das letzte Mal mit dir gesprochen hat?« beharrte die Dame.
»Wovon um alles in der Welt sprichst du?«
»Als du das letzte Mal mit Jesus gesprochen hast und er mit dir, was hat er da zu dir gesagt?«
»Wer?« fragte die Sängerin.
»Jesus. Als du das letzte Mal mit ihm gesprochen hast und er mit dir, was hat er da zu dir gesagt?«
»Was? Ich soll mit Jesus gesprochen haben? Du bist wohl übergeschnappt! Jesus hat nicht zu mir gesprochen. Sei vorsichtig, Schwester. Wenn du meinst, Jesus spricht mit dir, dann sei vorsichtig. Es könnte auch dein Fleisch sein oder sogar der Satan. Man kann irregeleitet werden. Wir sollten uns nur ans Wort halten und dem folgen.«
»Aber du hast es doch gesungen: ›Und er geht mit mir und er spricht mit mir . . .!‹«
»Ja, das ist doch aber nur ein Lied. Er hat nicht wirklich zu mir gesprochen.«
»Warum hast du es denn dann gesungen?«
»Warum?, weil es im Liederbuch steht.«
Kein Wunder, daß wir die Ungläubigen nicht davon überzeugen können, daß Jesus der Weg, die Wahrheit und das Leben ist. Wenn wir nur etwas singen, weil es im Buch steht, dann werden wir niemanden überzeugen.

Ich war einmal in der Lincoln Cathedral in England. Das ist ein enormes Bauwerk, fast 700 Fuß lang. In der Mitte des Gebäudes steht eine Orgel. Dort habe ich festgestellt, daß die Engländer wissen, wie man schöne Liturgien singt. Der Chor und die Pastoren sind alle in lange Roben gekleidet. Ich sollte während des Gottesdienstes ein Gebet sprechen. Da dachte ich bei mir: »Diese Kathedrale mit all ihrer Zeremonie ... ich werde ein hübsches Gebet sprechen.«

Ich stand also auf und sagte: »O höchster und heiliger Vater, ich trete heute morgen in deine Gegenwart ...«
Ungefähr zu dieser Zeit sagte Jesus in meinem Inneren zu mir: »Johnny, sei still! Wir haben den ganzen Tag über miteinander gesprochen und jetzt kommst du mit diesem ›Höchster und heiliger Vater‹.«
Ich sagte in meinem Innern: »Höre doch, Herr. Laß mich bitte dieses offizielle Gebet beenden, dann werden wir mit unserer Unterhaltung fortfahren. Ich kann jetzt nicht mittendrin aufhören, jetzt wo ich angefangen habe.«
»Gut, mach weiter«, sagte er. (Er verstand, daß ich in einer mißlichen Lage war!)

Jesus ist unserer Protokolle überdrüssig. Die Formulierungen: »Himmlischer Vater, du Höchster« gehören zum alten Bund. Wir aber sind eins mit Jesus. Ich würde nie zu meiner Frau sagen: »O himmlische Martha, ich komme in deine Gegenwart.«
Gott hungert es nach Freundschaft. Er möchte uns quasi auf den Schoß nehmen und möchte, daß wir ihn »Daddy – Vati« nennen; denn genau das bedeutet ABBA – Freundschaft mit Jesus, göttliche Gemeinschaft.

Ich möchte dir nun beweisen, daß Gott tatsächlich zu dir spricht.
Nimm ein Blatt Papier und ziehe zwei senkrechte Linien darauf, so daß drei Spalten entstehen, dann ziehe eine waagerechte Linie durch den oberen Teil. Auf diese Linie schreibe in die erste Spalte: »Gott hat gesagt.« In die zweite Spalte: »Ich habe getan«, und in die dritte Spalte: »Resul-

tat.« Fang mit den Eintragungen am Morgen an, wenn du aufwachst.
Wenn du also geduscht und das Badezimmer naß hinterlassen hast, dann trage das in die erste Spalte ein, wenn Gott zu dir sagt: »Hol den Scheuerlappen.«
Dann schreibe in die zweite Spalte: »Das habe ich getan.«
Und in die dritte Spalte schreibe dann: »Freude und Frieden.«
Wenn Gott dir sagt: »Häng deine Sachen auf«, während du dich anziehst, dann schreibe das auf.
Zweitens: »Ich habe sie aufgehängt.«
Und unter »Resultat« kommt: »Freude und Friede.«
Wenn Jesus dir sagt: »Geh zurück und küß deine Frau«, dann trage es in Spalte 1 ein.
In die zweite Spalte kommt dann: »Das habe ich getan.«
Resultat: »Freude und Friede.«
Jesus sagt zu dir: »Rede nichts Schlechtes über deinen Bruder.«
Spalte 2: »Ich habe es doch getan.« Spalte 3: »Unruhe und Unbehagen.«
Erzähle mir nicht, daß du nicht begreifst, was ich hier schreibe.
Du weißt ganz genau, daß Jesus so mit dir spricht. Das Problem ist nur, daß unsere religiöse Prägung uns beigebracht hat, daß Gott einzig und allein durch die Bibel zu uns redet. Aber die Bibel sagt uns das, was ich dir gerade erklärt habe. Sie enthält so viele Berichte darüber, wie Gott zu Menschen geredet hat. Und sie sagt uns, daß er auch zu uns reden will.
Wenn der Geist dir sagt: »Mach das Badezimmer sauber«, dann sagst du vielleicht: »Wo steht denn in der Bibel, daß ich das Badezimmer saubermachen soll?«
Oder wenn der Geist dir sagt: »Gib dem Mann zehn Dollar«, dann antwortest du: »In der Bibel steht, daß es nicht durch Werke, sondern durch den Glauben geschieht.«

Wenn du allein bist und du eine Entscheidung treffen mußt, dann tu, was die innere Stimme dir sagt.
Aber laß mich dir noch einen Rat geben: Du bist nicht unabhängig; du gehörst zu einer Familie von Gläubigen. Wenn du glaubst, daß Jesus dir sagt, daß du dein Haus verkaufen und das Geld für den Bau des Reiches Gottes zur Verfügung stellen sollst, dann wird derselbe Christus deinen Geschwistern dasselbe sagen. Bitte sie deshalb um Bestätigung. Es ist eine wichtige Sicherheitsmaßnahme, sich mit anderen abzustimmen, mit denen du Gemeinschaft hast und die in derselben inneren Führung des Geistes leben.
Ich vermittle dir keine Philosophie, ich gebe dir nur etwas von meiner Lebenserfahrung mit Jesus weiter. Es funktioniert. Singe nicht: »Er lebt, er lebt, Christus Jesus lebt heute«, nur weil es im Liederbuch steht. Sing es, weil du es erfährst, daß er in deinem Herzen lebt.
Es kann sein, daß du viele Haken und Ösen an dem findest, was ich dir gesagt habe.
Wir sind alle Menschen. Niemand von uns wandelt perfekt im Geist. Aber begreife den Kern meiner Botschaft und fange an, dich vom Heiligen Geist leiten zu lassen.
Du wirst Fehler machen, weil sie uns allen unterlaufen. Aber du wirst immer mehr lernen, im Willen Gottes zu wandeln, wenn Jesus in dir dein Gewissen prägt und dich führt.

8. Nicht Lippenbekenntnisse, sondern vorleben

Es gibt viele Menschen, die nie zur Kirche kommen; aber ich habe festgestellt, daß viele von ihnen zu Jesus kommen würden. Sie sind nicht gegen Jesus, sie sind nur gegen unser Kirchensystem. Wir haben das, was ursprünglich einfach war, kompliziert gemacht.

Natürlich, wir als Insider gewöhnen uns an dieses komplizierte religiöse System; aber dadurch wird es noch nicht richtig. Die Mitglieder der Kirchen sind in der Minderheit. Die Mehrheit in der Bevölkerung steht außerhalb der Kirchen, und für diese Mehrheit bedeuten alle unsere religiösen Formen und Regeln große Schwierigkeiten.

Ich glaube, daß die Ordnungen im Reiche Gottes viel leichter und einfacher sind, als wir sie gemacht haben.

Das Leben im Geist muß einfach sein, damit auch der einfachste Mensch danach leben kann. Es muß natürlich und organisch sein. Es kann nicht die Voraussetzung dafür sein, erst darüber eine Menge Bücher lesen zu müssen, um es zu verstehen; noch kann es etwas sein, das uns durch Warnungen abschreckt, wie etwa: »Sei vorsichtig, das könnte gefährlich sein.«

Wenn wir mit der Lebensweise konfrontiert werden, die Gott für uns vorgesehen hat, dann betreten wir dabei kein Land, das uns Menschen wesensfremd ist. Es handelt sich um einen ganz natürlichen Weg für jeden Menschen. Das Leben im Geist ist der Weg, den Gott schöpfungsmäßig für alle Menschen ursprünglich beabsichtigt hat. Es handelt sich um ein Leben in Harmonie mit allen natürlichen Gesetzen des Universums. Es handelt sich um das Normalste auf der Welt.

Abraham wird als der Vater des Glaubens bezeichnet – ein Modell für alle Menschen, die sich auf dem Weg des Glaubens befinden. Wie sah seine Gemeinschaft mit Gott aus?
Es war eine ganz normale Gemeinschaft, keine Religion. Sie war sehr natürlich, sehr einfach.
In dieser Gemeinschaft mit Gott konnte Abraham sagen: *»Schau Gott. Du hast mir keine Söhne gegeben. Und mein Erbe wird einmal einer sein, der in meinem Hause als Sklave geboren wurde. Bitte, Herr, schenk mir einen eigenen Sohn.«*

Es war für Abraham eine sehr natürliche Angelegenheit, mit Gott in dieser Weise zu sprechen. Zwischen Abraham und Gott bestand das Verhältnis von zwei Freunden. Die Bibel sagt, daß Abraham der Freund Gottes war.
Die komplizierteste Sache, die Abraham tat, war der Bau eines Altars, auf dem er Gott Opfer darbringen wollte. Und wo errichtete er den Altar? Er war es gewöhnt, mit Gott an jedem Ort in Kontakt zu treten, und als er in besonderer Weise Gott Dank opfern wollte, tat er es einfach auf seinem Hof.
Für uns heute in der neutestamentlichen Zeit hat sich die Notwendigkeit eines Opferaltars erübrigt, weil Jesus sein Opfer ein für alle Mal dargebracht hat.
Die komplizierte Seite der Gemeinschaft Abrahams mit Gott wurde also am Kreuz aufgehoben. Es gibt mithin keine Komplikationen mehr für die, die im Geist leben wollen. Wir leben das natürlichste und einfachste Leben, das überhaupt möglich ist.
Ein paar hundert Jahre nach Abraham gab Gott seinem Volk das Gesetz. Hier liegt auch der eigentliche Ursprung der jüdischen Religion. Uns erscheint das Gesetz sehr kompliziert und wir fragen uns, wie ein Gott der Einfachheit ein so kompliziertes System schaffen konnte.
Aber verborgen hinter den Komplikationen des Gesetzes war ein sehr einfaches Lebensprinzip. Tatsächlich bestan-

den die eigentlichen Komplikationen nur in den Opfer- und Tempelvorschriften. Und die können wir weglassen, weil Jesus selbst das Lamm Gottes ist. Er ist das vollkommene Opfer. Schauen wir uns also die Lehren des Gesetzes etwas näher an.

Wie einfach war es in seiner Essenz, wie sie in 5. Mose 6–9 zum Ausdruck kommt. Dort erklärt Gott: »Und diese Worte, die ich dir heute gebiete, sollst du zu Herzen nehmen und sollst sie deinen Kindern einschärfen und davon reden, wenn du in deinem Hause sitzt oder unterwegs bist, wenn du dich niederlegst oder aufstehst. Und du sollst sie binden zum Zeichen auf deine Hand, und sie sollen dir ein Merkzeichen zwischen deinen Augen sein, und du sollst sie schreiben auf die Pfosten deines Hauses und an die Tore.«

Das war etwas für das praktische Leben – für das alltägliche Leben. Es betraf ihre Häuser, ihre Arbeit, ihr Schaffen auf den Feldern und selbst ihre Schlafzimmer.

»Du sollst diese Worte deinen Kindern einschärfen«, hat Gott gesagt. Und wo sollten sie das tun?

»In der Sonntagsschule?«

Nein.

»Am Sonntag morgen um zehn?«

Nein.

»Wenn du in deinem Hause sitzt oder unterwegs bist, wenn du dich niederlegst oder aufstehst.« Was bedeutet das?

Immer!

Du siehst, selbst schon zur Zeit des Gesetzes hatte Gott eine Lebenshaltung im Sinn, nicht eine Religion. Gott wollte, daß sein Weg ihr Leben ist. Sie sollten diese Dinge an ihre Kinder weitergeben. Und wer sollte das tun? Der Vater und die Mutter, nicht der Sonntagsschullehrer. Es sollte keine komplizierte Angelegenheit sein mit Klassen und Büchern und Lehrern. Nein, es sollte Inhalt ihres normalen Lebens sein, das von Vater und Mutter weitergegeben wird.

Wann sollten sie lehren? Immer. Nicht an den Sonntag morgen, sondern immer.

Heute ist unsere Sonntagsschularbeit sehr notwendig, weil die Kinder in ihren Häusern nicht das empfangen, was sie empfangen sollten.
Weil die Kinder geistlich unterernährt sind, brauchen wir ein Hospital, in das wir sie am Sonntagmorgen bringen können. Wir müssen sie in einem Sauerstoffzelt durch Spezialisten versorgen, um ihnen Bibelvitaminstöße zu verabreichen, weil sie in ihren Häusern nicht ausreichend betreut werden.
Wir schicken unsere Leute zu Seminaren, damit sie dort eine geistliche Ausbildung erhalten. Die Seminare sind auch solche Hospitäler. Es ist doch auch schon im allgemeinen Leben so: Wenn die Menschen alle gesund wären und nicht krank würden, brauchten wir keine Hospitäler, Ärzte und auch keine Universitäten, an denen studiert werden muß, wie Krankheiten zu heilen sind.
Unsere christlichen Hilfssysteme sind alle darauf ausgerichtet, daß dieses und jenes »Leiden« behoben wird, das auftritt, weil unsere Häuser nicht ihre gestellte Aufgabe erfüllen. Wir bringen unseren Kindern bei, wie sie Messer und Gabel benutzen sollen, aber wir unterweisen sie nicht im christlichen Leben. Und damit meine ich nicht die Instruktionen für unser religiöses System. Ich meine, daß die Kinder das christliche Leben erlernen sollten, indem sie unser Leben beobachten.
Das ist ein großes Problem, denn in vielen Häusern wird durch die Eltern christliches Leben nicht gelebt, sondern es werden durch Worte christliche Bekenntnisse weitergegeben.
Es geht aber nicht um Lektionen, sondern um modellhaftes christliches Leben.
Die Kinder müssen in die Sonntagsschule gehen, damit sie lernen, daß man sich nicht streitet. Warum? Weil Vater und Mutter zu Hause miteinander streiten. Der Vater bringt Bleistifte aus dem Büro mit nach Hause, deshalb müssen die Kinder in die Sonntagsschule gehen, um zu lernen, daß sie nicht stehlen sollen.

Vater und Mutter lassen sich schnell aus der Reserve locken und werden übellaunig. Wohin sollen die Kinder gehen, um zu lernen, daß sie nicht übellaunig sein sollen? Sie müssen in die Sonntagsschule gehen! Und hier kommt gleich noch ein weiteres Problem hinzu. Der Sonntagsschullehrer leidet vielleicht während der Woche selbst an schlechter Laune . . . nur am Sonntag nicht.
So sind die meisten von uns in ein religiöses System eingebunden. Das christliche Leben ist nicht echt – wir spielen uns etwas vor. Die Gemeindeveranstaltungen sind nicht der wichtigste Teil unseres geistlichen Lebens. Das sind die Tage dazwischen – im Büro und zu Hause – sie sind der wichtigste Teil unseres geistlichen Lebens, nicht die zwei Stunden pro Woche, an denen wir uns in den kirchlichen Räumen aufhalten.
Wenn dich Jesus zur Kirche kommen sieht mit der Bibel unter dem Arm, dann sagt er zu den Engeln: *»Jetzt können wir uns ein bißchen Ruhe gönnen. Wenigstens jetzt wird er sich ordentlich benehmen. Haltet ein Nickerchen, aber paßt auf, wenn er wieder herauskommt!«*
»Hallo, Bruder!« ruft der Pastor, wenn du ankommst.
»Gott segne Sie, Pastor«, antwortest du in deinem besten Sonntagszeug.
Der Pastor denkt bei sich: »Lauter geistliche Leute!« Aber wer weiß schon, was sich zu Hause abspielt.
Glaube nicht, daß ihr Gott täuschen könnt, wenn ihr in der Kirche Händchen haltet. Nein, Gott weiß alles über euch.
Sogar schon unter dem Gesetz, vor dem Offenbarwerden Jesu Christi, hat Gott angeordnet, daß die Eltern seine Wege beständig an ihre Kinder weitergeben sollen. Es sollte das ganze Leben umfassen, von der Zeit des Aufstehens bis zum Zubettgehen. Es sollte ein dauerhafter Prozeß des beispielhaften Lehrens sein.
Das Heim – und nicht unsere religiösen Organisationen und Gemeindesysteme – sollte das Zentrum unseres christlichen Lebens sein. Wir müssen notgedrungen die Kirche als

»Hospital« miteinbeziehen, um die Dinge wieder in die richtige Perspektive zu rücken.
Ja, das einzig Komplizierte am Gesetz war das Opfer- und Tempelsystem. Und diese Dinge brauchen wir heute nicht mehr zu tun. Jesus hat ein für alle Mal ein allumfassendes Opfer gebracht und mit all den Ritualen aufgeräumt. Was Gott von jeher beabsichtigt hatte, war Leben und nicht eine Religion.

Kommen wir nun zum Neuen Testament. Was hat Jesus gelehrt?
Hat er den Leuten erzählt: »Am Sonntagmorgen um zehn Uhr könnt ihr mich hören?«
Er hat auch nicht gesagt: »Wir werden in einer Gebetsversammlung darum beten, daß wir ein Stück Land finden, auf dem wir unsere Kirche bauen können.«
Die Lehrmethode Jesu war von Anfang an revolutionär.
Wenn ihn jemand gefragt hat: »Meister, wo wohnst du?« dann hat er nicht gesagt: »Hier hast du ein Traktat. Auf der Rückseite findest du die Kirche eingedruckt, in der du mich an jedem Sonntagmorgen hören kannst.«
Nein, er hat nur gesagt: »Komm und sieh.«
Und weil er kein festes Zuhause hatte, mußten ihm die Menschen drei Jahre lang folgen, bis er starb. Diejenigen, die darauf gewartet hatten, mit ihm ein Zentrum zu errichten, warten noch immer.
Er hatte keinen Veranstaltungsplan – keine Bibelstunden, Gebetsversammlungen oder Sonntagsgottesdienste, für die er die Werbetrommel rührte. Er stand nicht an der Tür und sagte zu den Leuten: »Willkommen, guten Morgen. Geht es Ihnen gut? Genießen Sie die Versammlung.«
Jesus war eine sehr einfache, natürliche Person, die gekommen ist, um unter Menschen zu leben und sie dadurch zu lehren, wie sie leben sollen.
Wie hat Jesus gelehrt?
Schon morgens, wenn er aufstand, hat er gelehrt. Wenn er

durch die Straßen ging, hat er gelehrt. Wenn er sich hinsetzte, versammelten sich die Leute um ihn herum und er lehrte sie. Das Lehren war bei ihm eine Lebenseinstellung, und er lehrte rund um die Uhr, 24 Stunden am Tag. Er stellte sich jeweils auf die Situation ein. Er konnte mit Tausenden von Menschen zusammenkommen, er konnte aber auch unter vier Augen mit einem Menschen sprechen.
»Folgt mir!« hat Jesus gesagt. »Lernt von mir. Ich *bin* . . . der Weg . . . die Wahrheit . . . und das Leben.«
Wir sagen: »Schau nicht auf mich. Schau in die Bibel. Folge der Bibel.« Im Grunde drücken wir damit aus: »Ich habe es versucht und nicht geschafft. Vielleicht hast du mehr Glück dabei.«
Paulus hat in gleicher Weise wie Jesus gelehrt.
»Ihr seid Nachfolger von mir und Christus geworden. Seid meine Nachahmer, weil ich Christi Art widerspiegele.«
Unser Leben ist heute so angelegt, daß die andern nur von unserem Wissen lernen und nicht von unserem Sein. Wenn wir aber so lehren würden, wie Jesus und Paulus gelehrt haben, dann müßten wir das Leben miteinander teilen und nicht nur Konzepte weitergeben. Sie kommunizierten das Leben, damit die Menschen das würden, was sie selbst waren.
Paulus hat zu den Korinthern gesagt: »Ihr seid ein Brief Christi, gelesen von allen Menschen.« Das bedeutet für uns: Unsere Liebe, unsere Freude, unser Friede sollen für alle Menschen leserlich sein, damit sie sagen: »Ihr habt etwas, was wir nicht haben.«
Wir haben Jesus. Er ist der Weg, die Wahrheit und das Leben. Und wenn die Menschen ihn sehen, dann werden sie ihn auch haben wollen.
Ich wurde einmal gefragt: »Glauben Sie an außerbiblische Offenbarungen?« Ich erwiderte darauf, daß wir alle wohl daran glauben, denn woher hätten wir sonst unser Gemeindesystem? Wir haben es nicht aus der Bibel – du wirst es dort nicht finden. So muß also die Grundlage eine außerbiblische

Offenbarung sein, vorausgesetzt das System ist wirklich von Gott.
Petrus, Paulus, Jakobus – keiner von ihnen hat von einem solchen System gesprochen, wie wir es heute haben. Sie lehrten dort, wo sie sich aufhielten. Sie lehrten auf der Straße. Sie lehrten überall und an jedem Platz – am Strand, in den Gefängnissen, bei jeder Gelegenheit.
Sie tauften schon morgens um vier. Es war unwichtig, wie spät es war. Sie haben nie auf die nächste Gemeindeveranstaltung gewartet. Jede Zeit war gut, jeder Ort war geeignet, z.B. in einer Privatwohnung; mitten in der Nacht, wie im Falle des Kerkermeisters zu Philippi oder in der Wüste, wie bei dem Kämmerer aus Äthiopien. Ihr Lehren und ihr Handeln wurde bestimmt durch ihre Lebenshaltung und nicht durch ein religiöses System.
Nun will ich nicht sagen, daß wir unser religiöses System auf die ganze Woche ausdehnen müssen. Nein, nein, nein! Ich will etwas viel Radikaleres sagen als das. Ich meine, daß wir unser ganzes religiöses System aufgeben müssen!
Im Geist leben heißt, geführt werden, und zwar nicht durch ein religiöses System, sondern durch die Gegenwart Gottes in unserem Innern. Es geht um ein konstantes, dauerhaftes Führungssystem für unser ganzes Leben. Und wenn wir so leben, werden wir normale Leute.

Laß es mich illustrieren, was ich meine. Am Anfang, als Gott Adam und Eva schuf, war ihr Verhältnis zu Gott ganz einfach und ungezwungen. Ich kann mir gut vorstellen, daß Gott sie im Garten besuchte und zu ihnen sagte:
»Adam, Eva! Wie geht es euch?«
»Oh, guten Morgen. Uns geht es gut. Wie geht es dir?«
»Gut. Was machst du da gerade, Adam?«
»Ich gieße gerade die Erdbeeren.«
»Kommen sie gut?«
»Wunderbar, Vater. Weißt du, wir haben schon einen

Korb voll geerntet und Eva hat daraus Marmelade gemacht. Die hat wunderbar geschmeckt.«
So etwa mögen sie sich mit Gott unterhalten haben. Sie hatten Gedankenaustausch mit ihm über die gewöhnlichen Dinge des Lebens. Er hatte an allem, was sie taten, Interesse.
Gott erkundigte sich laufend nach ihrem Wohlergehen. »Eva, wie läuft alles?«
»Prima, Vater. Dieser Garten ist so schön. Alles ist so herrlich. Es ist richtig behaglich, hier zu leben.«

Viele von uns können sich nicht vorstellen, daß es so gewesen sein könnte. Wir assoziieren Gott nur mit unserem religiösen System, nicht aber mit dem normalen Leben. Wir haben die Vorstellung, daß, wenn Gott Adam und Eva gerufen hat, Adam sofort sagte: »Schnell, schnell an die Orgel, Eva. ›Die Himmel erzählen die Ehre Gottes ...‹«
Nein, es war viel einfacher. Es war viel natürlicher.

Mit Jesus ist das Königreich Gottes auf dieser Erde angebrochen, damit es sich ausbreitet auf der ganzen weiten Welt und das ganze Leben durchdringt.
Jesus wollte, daß die Menschen in das Königreich hineingeboren werden, damit sie 24 Stunden am Tag im Geist leben und sich so an der ständigen Gemeinschaft mit Gott erfreuen können, die Gott von Anfang an beabsichtigt hat.

9. Kirche ohne Gebäude?

Welchen Stellenwert haben die Gebäude in unserem Kirchensystem?
Wir bezeichnen zwar formal die Gesamtheit des Volkes Gottes als Kirche, aber tatsächlich nennen wir unsere Gebäude so. »Ich gehe zur Kirche«, sagen wir. Das ist aber falsch. Das ist noch der alte Bund. Wir versuchen immer wieder, Begriffe und Formen des alten Bundes zu übernehmen und vermischen sie mit denen des neuen Bundes. Wir halten es ein bißchen mit dem Gesetz und ein bißchen mit Jesus.
Wir haben bereits herausgearbeitet, daß das vor Pfingsten Gesagte sich in der Hauptsache auf Gott bezieht, der außerhalb der Menschen ist. Die Grundlage war das Gesetz, und die Leute hatten es zu studieren und zu versuchen, danach zu handeln.
Seit Pfingsten befindet sich Gott im Menschen. Er leitet uns von innen her, und das ist das Wesensmerkmal des Lebens im Geist. Hierin besteht der Unterschied zum alten Bund. Im alten Bund ging man zur Kirche, im neuen Bund sind wir die Kirche!
Hier handelt es sich nicht um ein Konzept, sondern um die Wirklichkeit. Und wenn wir das nicht begreifen, dann bringen wir alles durcheinander. Wir begehen dann geistliche Bigamie und versuchen, mit beidem zu leben, mit Jesus und mit dem Gesetz.
Im alten Bund war der Versammlungsort der Mittelpunkt, und wir haben dieses System kopiert. Wenn wir das Gebäude in den Mittelpunkt stellen, dann liegen wir ganz falsch, weil wir die Situation des alten Bundes – ein religiöses System – zugrunde legen.
Das religiöse System ist für uns auch einfacher, weil wir

sonntags zur Kirche gehen können und der Rest der Woche uns gehört. Wir können dann machen, was wir wollen.
Der Missionsbefehl lautet: »Gehet in alle Welt.« Wir aber sagen: »Laßt die Sünder in das Kirchgebäude kommen.«
Jesus hat nie gesungen: »Kommt, kommt, kommt.« Er hat gesagt: *»Geht, geht; ihr, die ihr faul seid, geht.«*
Er hat nicht gesagt: *»Wie lieblich sind die Zungen derer, die das Evangelium predigen.«* Nein, er hat gesagt: »Wie lieblich sind die Füße derer, die die gute Nachricht jeder Nation bringen.« Es ist eine Sache des »Gehens« – der Bewegung. Es handelt sich um eine ständige Mobilmachung.
Wir wünschen uns eine nette Religion, die uns das Gefühl der Behaglichkeit vermittelt.
»Mal sehen, was mit diesem Pastor los ist.« Oder: »Ich mag den nicht, er ist zu klein. Er spricht zu lange. Und seine Stimme gefällt mir auch nicht.« Diese Haltung ist leider weit verbreitet. Sie hat aber überhaupt nichts mit dem Königreich Gottes zu tun. Jesus ist nicht gekommen, um einen netten Club ins Leben zu rufen, in dem wir uns alle wohl fühlen.
Jesus hat nie gesagt: »Geht in alle Welt und baut Tempel und schafft neue Kirchenstrukturen.«
Nein, er hat gesagt: »Zerstört diesen Tempel, und ich werde ihn in drei Tagen wieder aufbauen.« Er hat angekündigt, daß das physikalische Gebäude des Tempels durch seinen eigenen Leib ersetzt wird. Er wollte einen lebendigen Tempel an die Stelle des steinernen Tempels setzen. Er hat dich und mich gemeint, uns, die wir sein Leib, sein Tempel sind. Wir sollen das physikalische Gebäude des Tempels ersetzen.

Die Segenszeiten der Kirchengeschichte, in denen die Gläubigen geistlich schnell wuchsen, viel Kraft hatten, sich viele Gaben entfalteten und viel Offenbarung vorhanden war – diese Segenszeiten waren immer Zeiten, in denen keine Gebäude zur Verfügung standen.

Wir haben heute so viele Dinge anstelle des Heiligen Geistes. Wir haben Bibelkommentare, Sonntagsschulmaterial, schöne Gebäude, Pianos und Orgeln. Der Heilige Geist könnte viele unserer Kirchen verlassen, und wir würden es gar nicht merken. Viele Kirchen wissen nicht einmal, ob sie den Heiligen Geist haben oder nicht!

Die Folge davon ist, daß unser Leben in zwei Bereiche geteilt ist – in den geistlichen und in den weltlichen Bereich.

Wenn es um Dinge unseres Heims, unserer Arbeit und unserer Zeiteinteilung geht, dann sagen wir: »Pastor, nichts berühren! Das sind persönliche Fragen, nehmen Sie Ihre Hände weg davon. Ich komme regelmäßig zu den Veranstaltungen, ich gebe den Zehnten, was wollen Sie noch mehr von mir? Ich bin ein treues Mitglied Ihrer Kirche.«

Wir gehen davon aus, daß sich das christliche Leben in unseren Veranstaltungen erschöpft, daß nur das, was wir in dem Gebäude tun, das christliche Leben umfaßt.

Wenn die Hallelujas verklungen sind, dann sagen wir: »Hast du gemerkt, wie die Inflationsrate hochgeschnellt ist? Wer wird nach deiner Meinung die Wahl gewinnen?« Das ist unser anderes Leben – unser persönliches, säkulares Leben, und das führen wir bis zur nächsten Veranstaltung.

»Oh, der ist ein guter Christ! Er kommt jeden Sonntag zum Gottesdienst, und er nimmt an allen Veranstaltungen während der Woche teil. Er raucht nicht und er trinkt nicht. Was kann man mehr erwarten?« sagt der Pastor.

Ich bin nicht gegen Veranstaltungen und Gebäude, aber ich betone, daß Christus das Zentrum sein muß. Der Besuch der Veranstaltungen an sich zählt in Gottes Augen überhaupt nicht. Das ist nur Religion. Jesus ist gekommen, um uns Leben zu bringen, und zwar 24 Stunden lang am Tag. Er ist gekommen, um eine neue, alternative Gesellschaft zu schaffen, nämlich das Königreich Gottes.

Die Urgemeinde lebte ein ganzheitliches Leben. Wir führen

ein doppelgleisiges Leben: Eins mit dem Zentrum Kirchgebäude, das ist unser geistliches Leben; und das zweite, das ist unser säkulares Leben, unser Leben zu Hause.

Manche ernsthaften Christen reiben sich an dem Versuch auf, beide Zentren aufrechtzuerhalten.
Als wir in unser neues Haus umzogen, haben wir uns unserer Nachbarin als Christen vorgestellt.
»Oh, ich bin auch Christ«, antwortete sie.
»Das ist ja wunderbar«, sagte meine Frau. »Zu welcher Kirche gehören Sie denn?«
»Ich gehöre zu keiner Kirche. Das ist eine lange Geschichte, aber ich will sie Ihnen mit ein paar Worten erzählen«, antwortete sie.
»Ich ging zu einer Kirche, und es gefiel mir dort wirklich gut. Der Pastor predigte gut. Ich ließ mich in die Mitgliederliste eintragen. Am Sonntagmorgen ging ich zum Gottesdienst, aber dann sagte der Pastor zu mir, daß ich, wenn ich wirklich in Gottes Gunst stehen wolle, auch am Sonntagabend kommen müsse. So ging ich also auch am Sonntagabend hin.
Dann sagte der Pastor, ich solle auch zu den Bibelstunden kommen. So ging ich also auch zu den Bibelstunden. Dann fragte man mich: ›Warum kommst du nicht zur Gemeindebibelschule?‹ So blieb ich also nach dem Gottesdienst noch zur Gemeindebibelschule.
Dann sagte man mir: ›Du solltest auch zur Gebetsversammlung kommen.‹ Gut, ich fing also an, zur Gebetsversammlung zu gehen. Und dann hieß es: ›Aber du mußt auch zur Frauenstunde kommen.‹ So ging ich also mittwochs zur Frauenstunde. Jemand hatte bemerkt, daß ich eine gute Stimme habe und so wurde gesagt: ›Du mußt zum Chor kommen, weil du eine gute Stimme hast. Du mußt deine Talente voll für Jesus einsetzen.‹ Das bedeutete, daß ich auch donnerstags zur Chorübstunde gehen mußte.
Ich war somit fast jeden Tag in der Kirche und fing an, meinen Haushalt und meine Familie zu vernachlässigen.

Eines Tages entschloß ich mich, nur noch sonntags zum Gottesdienst zu gehen.
Da machte der Pastor mir gegenüber anzügliche Bemerkungen. Wahrscheinlich weil ich nicht mehr zu all den anderen Veranstaltungen kam. Nach einigen Sonntagen reichte es mir, und ich ging gar nicht mehr hin.«

Natürlich gibt es Leute, welche die Betriebsamkeit lieben und gern zu allen Veranstaltungen gehen, vielleicht weil sie auf diese Weise emotionale Bedürfnisse befriedigen können. Sie weinen, wenn der Pastor schön predigt oder wenn stimmungsvolle Lieder gesungen werden.
Wenn du eine emotionale Entladung brauchst, dann sieh dir lieber einen rührseligen Film an, der dich zum Weinen bringt. Aber Jesus hat dich in diese Welt gestellt, damit die Welt gerettet wird, und damit sein Reich durch dich gebaut wird. Es geht nicht darum, daß du unterhalten wirst, und daß deine Gefühle in den Gemeindeveranstaltungen berührt werden.
Wir sind das Licht der Welt, und das Licht muß strahlen, damit die Welt wirklich erleuchtet wird. Gott hat dich in deine Nachbarschaft gestellt, und du bist das Licht in der Nachbarschaft. Du sollst dort leuchten in der Dunkelheit.
Was heißt das, Licht sein? Licht sein heißt, priesterlich leben. Du sollst all denen Priester sein, die irgendwie zu deinem Leben in Beziehung stehen.
Zuallererst soll ich Priester meines eigenen Hauses sein. Die Bibel sagt uns ganz klar, daß diese Aufgabe Vorrang hat vor allen anderen Dingen. Wenn ich zu Hause kein guter Priester bin, dann fehlt mir der Wirkungsgrad für alle anderen Aufgaben.
Das ist die erste Bedingung für alle diejenigen, die andere Menschen führen sollen, daß das eigene Haus in Ordnung ist.
Wenn du dir im ersten Timotheusbrief die Voraussetzungen für einen Diakon anschaust, dann stellst du fest, daß es nicht

wesentlich ist, an das Tausendjährige Reich zu glauben, an die Dreieinigkeit oder an die Große Trübsal. Dort steht vielmehr: »Die Diakone laß einen jeglichen sein eines Weibes Mann, ihren Kindern wohl vorstehen und ihren eigenen Häusern.« Sie sollen gastfrei sein. Ihr Familienleben soll offen sein, für andere sichtbar.
Ich muß in meinem Dienst sehr viel reisen, manchmal bin ich mehr als die Hälfte der Zeit unterwegs.
Die Bibel sagt, daß ein Mann und eine Frau sich nur eine Zeitlang trennen sollen, und das immer im gegenseitigen Einvernehmen. Wenn ich also reise, muß es in völliger Übereinstimmung mit meiner Frau geschehen. Wenn meine Frau nicht zustimmen würde, käme ich in Schwierigkeiten. Mein Leben ist an meine Frau und an meine Kinder gebunden. Sie rangieren an erster Stelle.
Als ich noch Pastor war und auch zusätzlich noch reisen mußte, stellte ich fest, daß es zuviel wurde. Wir erkannten deshalb, daß ich entweder mein Pastorat oder das Reisen aufgeben mußte. Beide Dinge waren eine zu große Belastung für die Familie. So gab ich den Pastorenberuf auf.
Wir haben in Buenos Aires gelebt, und bei meinen Weltreisen mußte ich immer viele Stunden zu den einzelnen Orten fliegen. Oft war ich ein bis zwei Monate während der Reisen unterwegs. Das war sehr schlecht.
Wir überlegten, wie die Situation zu verbessern wäre. Wir zogen in die Vereinigten Staaten und dort in die Nähe eines Flughafens.
Aber die Verbesserung war noch nicht optimal.
Eines Tages sagte meine Frau: »Wenn du von deinen Reisen zurückkommst, mußt du ins Büro gehen und die ganze Post beantworten und deine nächste Reise vorbereiten. Kann ich dir nicht helfen, damit du zu Hause mehr Zeit für die Familie hast? Ich würde gern alle deine Briefe beantworten.
Inzwischen rufe ich an jedem Abend meine Frau an, ganz gleich wo ich bin.
Wir sprechen über alle Dinge, die angefallen sind. Wir

diskutieren über die Post und entscheiden, wie sie zu beantworten ist. Sogar während ich zu Hause bin, lasse ich die Briefe liegen, und meine Frau beantwortet sie, wenn ich wieder weg bin.
Ich erledige auch alle meine Vorbereitungen unterwegs im Flugzeug und im Hotel. Zu Hause tue ich nichts. So kann ich mich ganz meiner Familie widmen.
Wir stehen zusammen auf, wir machen die Betten gemeinsam, kaufen zusammen ein. Wenn ich zu Hause bin, koche ich, um meiner Frau einmal Urlaub von der Küche zu geben. Wir machen die Gartenarbeit gemeinsam, wir malen . . . wir machen alles zusammen als Familie. Die Kinder sind immer eingeschlossen. Wir gehen gemeinsam zu Fußballspielen, zu Konzerten – wo immer meine Familie hingeht, da gehe ich mit.
So haben wir uns auf meinen Reisedienst eingestellt. Das ist ganz konkret Wandel im Geist – Christus in uns. Er zeigt uns, wie wir in unserer Situation kreativ sein können. Wir haben gelernt, in dieser Situation mit Freuden zu leben. Wir müssen sie nicht nur ertragen, oder sie nur erdulden oder sie bloß annehmen.
So bleibt meine Frau mit Freuden zu Hause und ich mache mit Freuden meinen Reisedienst, und wir sind dabei sehr glücklich.
Uns ist auch die Idee gekommen, von Zeit zu Zeit einmal einen richtigen Familienfesttag durchzuführen. Wir fangen dann mit einem besonderen Essen an, für das wir uns nett anziehen. Nach dem Essen trinken wir im Wohnzimmer Kaffee und bei diesem Zusammensein kann dann jeder das zum Ausdruck bringen, was er empfindet, und worüber er sich freut und was ihn belastet.
Unsere Kinder sagen uns dann auch, was wir ihrer Meinung nach falsch machen. Und oft haben sie damit recht gehabt.
Früher haben wir sie nur zurechtgewiesen oder sie sogar bestraft, statt ihnen wirklich zuzuhören. Jetzt aber hören wir ihnen zu, wenn sie ihren Standpunkt erklären. Und selbst

wenn sie im Irrtum sind, können wir doch erkennen, daß sie die richtige Motivation haben – und wir sollten mehr nach den Motiven urteilen und nicht nur nach der Handlungsweise. So hören wir unseren Kindern zu, und sie hören uns zu; und wenn wir alles ausgesprochen haben, treffen wir gemeinsam die Entscheidungen.
Wir haben uns mit unserem Familienleben so eingerichtet, daß es mir doch möglich ist, meinen Reisedienst fortzuführen. Im übrigen liegt der eigentliche Grund für meinen Reisedienst in unserem Kirchensystem begründet. Ich brauchte nicht zu reisen, wenn die Kirche anders strukturiert wäre. Da es nun aber so ist, haben wir in unserem Heim entsprechende Veränderungen vorgenommen. Es wäre nämlich nicht gegangen, daß ich meinen Reisedienst tue und dabei meine Aufgabe in meiner Familie versäume.
Die Aufgabe des Lichtseins beginnt immer in der Familie. Hier liegt meine erste Verpflichtung, das habe ich klar erkannt.

10. Laßt es uns Gott sagen, damit er sich freut

Wenn unser Familienleben so liebevoll und harmonisch wäre, wie es Gott eigentlich beabsichtigt hat, dann wären wir in unserer Umgebung ein kraftvolles Zeugnis.
Wenn wir zu Hause keine vollmächtigen Priester sind, dann können wir es auch nicht woanders sein. So möchte ich noch über ein paar Dinge berichten, die ich in meiner eigenen Familie gelernt habe. Es geht also nicht um Theorie, sondern um erlebte Praxis.
Als Pastor kenne ich viele Theorien über die Familie. Es besteht aber ein großer Unterschied zwischen dem Weitergeben einer Theorie und ihrer Verwirklichung in der Praxis. Ich kann andern vieles erzählen über perfektes Familienleben und sie auffordern, das zu tun. Wenn meine Zuhörer es dann praktizieren wollen, werden sie sich fragen, ob ich es selbst denn auch tue.
Eine perfekte Lehre verkündigen, die ich nicht selbst praktiziere, ist nicht Leben, sondern nur ein Konzept. Und das ist lieblos und nicht hilfreich für die Menschen, die es hören. Wenn du das, was du sagst, sowieso nicht auslebst, dann kannst du auch in die Bibel schauen und dir die Verse herauspicken, die z. B. ein wunderschönes Bild von der Ehe zeichnen. Aber die Leute, die dir zuhören, werden feststellen, daß sich diese Lehre nicht praktizieren läßt und sie werden sich vor den Kopf gestoßen fühlen.
Als sehr segensvoll hat es sich ausgewirkt, daß wir die Hauptverantwortlichen unserer Gemeinde für einige Tage in unser Haus eingeladen haben, damit sie sehen können, wie wir leben. Am Ende sagten sie: »Weißt du, Bruder Ortiz, die größte Hilfe war für uns, zu erleben, daß ihr ganz normale Leute seid. Wir dachten, du und deine Frau, ihr

würdet nur in Bibelversen miteinander reden und ihr würdet schon beim Aufstehen am Morgen Heilslieder singen.«
Bedenke, die Pharisäer sahen aus wie Heilige, sie waren aber Heuchler. Der Zöllner dagegen war ein aufrichtiger Sünder. Mir ist ein aufrichtiger Sünder lieber als ein Heuchler mit Heiligenschein.
Deshalb meine ich, daß wir sehr ehrlich werden müssen. Wir müssen unsere Masken abnehmen und uns den Menschen so zeigen, wie wir wirklich sind. Wir können nicht in unserer Gemeinde so sein und zu Hause anders. Das ist Heuchelei!
Noch schlimmer ist, daß wir sogar zu Hause zwei verschiedene Rollen spielen. Am Sonntag anders als in der Woche oder bei den Familienandachten anders als am übrigen Tag.

Wenn ich jetzt sagen würde, daß man keine Familienandachten halten sollte, dann wäre das falsch. Wenn ich aber sage, daß man sie halten soll, dann denkst du jetzt vielleicht, sie müßten in einer ganz traditionellen Form mit einem richtigen Familienaltar durchgeführt werden. Und gerade das ist nicht richtig.
Die beste Mitgift für unsere Kinder ist, daß sie uns als Menschen erleben, die keine aktivitätsorientierten Christen sind. Ich meine damit folgendes: Christsein ist nicht etwas für dienstags und donnerstags um 19.30 Uhr und für sonntags um 10.00 Uhr oder für morgens von 6.00 Uhr bis 6.30 Uhr und für abends von 19.30 Uhr bis 20.00 Uhr. Nein, Christsein dauert täglich 24 Stunden. Wir stehen in einem dauernden Dialog mit Jesus in unserm Innern. Es handelt sich um eine ständige Gemeinschaft, weil wir mit ihm eins geworden sind.
Wenn ich also mit meinen Kindern Fußball spiele oder irgend etwas anderes gemeinsam mit ihnen unternehme, dann kommt der Punkt, daß wir alle sagen: »So ein schöner Tag. Das macht ja unheimlich Spaß!«

Dann schlage ich vor: »Laßt es uns Gott sagen, damit er sich freut.« Darauf sagt einer von uns: »Herr, wir haben viel Spaß miteinander, hab vielen Dank!«
Dabei schließen wir nicht unsere Augen und nehmen auch keine besonders religiöse Haltung ein. Es gibt ja auch in der Bibel keine einzige Stelle, in der uns berichtet wird, daß jemand beim Beten die Augen geschlossen hat (obwohl es natürlich derjenige weiter tun sollte, der gern so beten möchte). Wir sprechen einfach ganz natürlich mit Gott, und wir erkennen ihn in den vielen kleinen und großen Dingen des Lebens. So haben es meine Kinder gelernt, in einem ganz natürlichen Verhältnis Gott zu begegnen.
Wenn wir am Morgen aufstehen, sagen wir: »Guten Morgen! Wach auf! Schau, was für ein schöner Tag heute ist. Ist Gott nicht gut!«
Am Frühstückstisch beten wir dann manchmal vor dem Essen, manchmal auch nicht. Manchmal sage ich nur wenige Worte, ohne daraus ein Gebet zu formen, wie etwa: »Danke, Herr.« Ein anderes Mal weise ich meine Kinder darauf hin, wie gut Gott ist, daß er uns diese Nahrung gibt. Formell ist es kein Gebet, doch inhaltlich ist es ein Gebet.
Wir sind bemüht, sie einerseits vor religiösen Formen zu bewahren, ihnen aber andererseits zu zeigen, wie dieses Leben in Christus sich in einer vollkommen natürlichen Weise vollzieht.
Auch in unserem persönlichen Verhältnis zu unseren Kindern sind wir bemüht, sie so zu behandeln, wie Gott uns behandelt. Das bedeutet, daß wir mit ihnen auf der Grundlage eines innigen Verhältnisses und nicht auf der Basis von gesetzlichen Ordnungen umgehen. Ich glaube, der Schlüssel heißt: Verbundenheit und Freundschaft, nicht Gängelei und Perfektion.
Wenn ich nach einer Reise heimkomme, dann kommen unsere vier Kinder abends in unser Schlafzimmer. Wir liegen dann alle im Bett und unterhalten uns, manchmal drei oder vier Stunden lang. Das geschieht dann an allen Aben-

den, wenn ich zu Hause bin. Haben die Kinder am nächsten Tag Schule, müssen wir natürlich rechtzeitig Schluß machen; aber wenn sie keine Schule haben, dann sage ich zu meiner Frau: »Laß sie bleiben. Selbst wenn wir darüber einschlafen, laß sie miteinander und mit uns über alles sprechen.« Die beiden Ältesten verdienen sich etwas in einem Restaurant. Manchmal beenden sie ihre Arbeit erst um Mitternacht. Selbst danach kommen sie in unser Schlafzimmer und wecken uns, und wir unterhalten uns mit ihnen. Wie mir meine Frau erzählt, kommen die Kinder sogar in unser Schlafzimmer, wenn ich unterwegs bin.

Unsere Kinder sind jetzt alle im Teenalter, und wir haben begriffen, daß sie eben Teenager sind. Wenn sie erwachsen sind, werden sie Erwachsene sein und sich in vielen Punkten anders verhalten; aber jetzt sind sie Teenager, und so werden wir mit vielen Fragen und Problemen konfrontiert, die ja andere Eltern auch kennen.

Zuallererst mußten meine Frau und ich lernen, daß wir uns keine Sorgen zu machen brauchen. Das Teenalter ist ein normales Wachstumsstadium – wir haben es ja selbst auch alle durchlaufen. Und wir glauben, daß unsere Begleitung und das damit verbundene Beispiel für sie eine entscheidende Hilfe ist. Wir versuchen deshalb auch nicht, diesen Abschnitt zu beschleunigen oder zu verkürzen und machen uns gar keine Sorgen.

Wir sind auch nicht schockiert oder empört, wenn sie etwas tun, was nach unseren evangelikalen Regeln falsch ist, z. B. ein Mädchen küssen oder eine Zigarette rauchen.

Wir haben ein so gutes Verhältnis zueinander entwickelt, daß sie sogar von solchen »Vorfällen« berichten. Wir sind eben sehr, sehr gute Freunde, deshalb wissen wir auch, was sie tun. Wir wissen, wohin sie gehen. Sie erzählen uns Dinge, die ich meinen Eltern niemals erzählt hätte, als ich in ihrem Alter war!

Wichtig ist, daß wir nicht Perfektion von ihnen verlangen, sondern daß wir sie als Jugendliche annehmen und damit die

Basis für ein aufrichtiges und ehrliches Verhältnis zueinander schaffen. Wenn sie weiter heranwachsen, werden sie ganz von allein lernen, was sich für sie schickt und was nicht. Ehrlichkeit ist dabei unerläßlich. Wir bemühen uns, mit ihnen immer so zu sprechen, daß sie nicht den Eindruck haben, unter der Verdammung Gottes zu leben. Wir sagen z. B. nicht: »Gott wird dich strafen« oder »Du bist auf dem besten Wege, deine Seele zu verlieren.«

Wenn deine Kinder dir alles erzählen, was sie tun, dann mache dir keine Sorgen, wenn sie dir auch manchmal etwas erzählen, was vielleicht gar nicht gut ist. Wenn du sie unter Druck setzt, werden sie es trotzdem tun, es dir aber nicht mehr sagen. Deshalb ist es besser, wenn du Bescheid weißt, dann hast du nämlich die Möglichkeit, sie ganz behutsam zu leiten und zu unterweisen. Anders wirst du die Kinder verlieren.

Ich meine, daß das auch die Art ist, wie Gott mit uns umgeht. Er möchte, daß wir ihm vertrauen und ihn lieben. Selbst wenn wir etwas Falsches tun, tun wir es in seiner Gegenwart, weil er in uns lebt. Wir sind Freunde, und ein Freund versteht den andern. Wenn wir mit ihm reden, hört er uns und vergibt uns, und unsere Freundschaft bleibt bestehen.

Die meisten Christen sind an Gebote gebunden statt an eine Person, nämlich an Jesus Christus. Regeln sind starr und gefühllos – man kann nicht mit ihnen reden. Sie stehen nur vor uns als ein »Du sollst nicht!« Wir können aber mit dem persönlichen Gott verbunden sein, der Gefühle und Emotionen besitzt. Er hört zu, er versteht uns und hält Zwiesprache mit uns, und wir können uns mit ihm unterhalten, so wie es Petrus getan hat.

»Herr, du fragst mich, ob ich dich liebe und ich sage ja«, hat Petrus gesagt. »Aber du fragst mich noch einmal. Ich weiß, daß du mich gesehen hast, als ich dich verleugnet habe. Ich habe dich dreimal verleugnet. Und obwohl ich dich ver-

leugnet habe, liebe ich dich. Du sagst vielleicht: ›Wie kannst du mich lieben, wenn du mich verleugnest?‹ Herr, ich weiß es nicht; aber ich weiß, daß ich dich liebe. Wenn du alles weißt, dann weißt du auch, daß ich dich liebe, trotz allem, was ich getan habe.«
Meine Kinder haben ein Verhältnis zu Jesus, obwohl sie nicht anders sind als andere Kinder auch. Jesus liebt sie, und sie lieben ihn. Sie sind keine Heiligen. Aber obwohl sie in ihren Lebensäußerungen nicht perfekt sind, haben sie ein enges Verhältnis mit ihm.
Das Gesetz macht die Sünde zur Macht. Deshalb werden Kinder und wir Erwachsenen auch stärker versucht durch Dinge, die verboten sind, als durch Dinge, die nicht verboten sind. Das heißt, es ist viel besser, wenn sie frei sind zu entscheiden, bestimmte Dinge nicht zu tun, weil sie einsehen, daß diese für sie nicht gut sind. Es ist dann so, wie Paulus es gesagt hat: »Alle Dinge sind mir erlaubt, aber es geziemt sich nicht alles.«

Unseren Kindern steht es frei, uns über alles zu berichten, was sie erlebt oder getan haben. Wenn sie etwas Falsches gemacht haben, dann wissen sie, daß wir trotzdem mit voller Annahme reagieren. Wir würden sie niemals zurückstoßen. Ebenso werden wir immer bereit sein, ihnen in jeder Situation zu helfen, statt sie zu tadeln, ihnen zu drohen oder sie zu verdammen. Sie müssen die Liebe Gottes in uns erkennen können. Manche strittigen Punkte sind nicht einfach zu lösen, aber ich glaube, daß es immer der richtigere Weg ist, offen mit ihnen zu verhandeln, statt sie zu umgehen.
Wir haben einmal die Sorge zum Ausdruck gebracht, daß unsere Kinder vielleicht zu früh heiraten könnten. Darauf sagte unser David: »Nein, nein, Daddy. Ich werde erst mit 26 heiraten, wie du.«
Ich habe den Eindruck, daß unsere Kinder eine sehr hohe Meinung von der Ehe und dem eigenen Heim haben, weil

sie unser Leben von Kind auf beobachten konnten. Und weil wir unser Leben in der Ehe und Familie mit Christus führen, haben wir keine Probleme, nur immer wieder neue Situationen. Deshalb sind wir auch nicht ängstlich. Wir leben in einer großen Geborgenheit. Jede Situation fordert uns zu ihrer Zeit, und wir folgen der inneren Führung des Geistes. Es gibt keine Vorschriften, die wir zu befolgen haben, sondern nur die tägliche Leitung des Christus in uns.

Die bedingungslose Annahme ist die Basis für alles, was unser Verhältnis zu unseren Kindern betrifft. Und die Grundlage für diese Annahme liegt in dem Blut Jesu.

Natürlich ist das anders, wenn Eltern Jesus erst später annehmen, vielleicht erst, wenn ihre Kinder schon im Teenalter sind und rebellieren. In solch einer Situation würde ich meinen Kindern folgendes sagen: »Ich möchte, daß ihr wißt, daß ich euch liebe, unabhängig von dem, was ihr tut. Doch ich möchte euch sagen, was ich von der Situation halte, in der ihr euch befindet: ›Ihr seid auf dem falschen Weg.‹ Aber ob ihr mir gehorcht oder nicht, wird meiner Liebe zu euch keinen Abbruch tun. Und weil ich euch liebe, muß ich es euch auch sagen, wenn ihr euch irrt.«

Ich würde ihnen alles sagen, was sie hören müssen, weil Liebe nicht ruhig ist. Aber ich würde immer wieder betonen, daß ich sie, ganz gleich, was sie tun, trotzdem liebe. »Macht das Falsche«, würde ich ihnen sagen, »und ich bin trotzdem euer Freund. Aber es ist meine Pflicht, euch zu sagen, daß ihr falsch handelt.«

Ich glaube, daß wir auf diesem Wege mehr Erfolg haben, als wenn wir den Gehorsam zur Bedingung für unsere Freundschaft machen. Solange wir Freunde unserer Kinder sind, werden wir ihnen an jedem Tag begegnen können, und es werden sich Gelegenheiten zur Hilfe und Einflußnahme ergeben.

Aber wenn wir ihnen sagen: »Wenn du nicht tust, was ich sage, dann sind wir geschiedene Leute«, dann sind sie sich selbst überlassen, und wir können sie nicht länger beeinflus-

sen. Solange sie noch in unserem Hause sind, können wir sie überzeugen. Und wenn wir nicht aufhören, sie zu lieben, dann werden sie eines Tages wieder auf uns hören.
Deshalb müssen unsere Kinder es sicher wissen, daß sie von uns vollkommen angenommen sind, unabhängig von ihrem Verhalten.
Sie müssen wissen, daß sie nicht erst etwas leisten müssen, um sich unsere Liebe und Annahme zu verdienen. Das ist sehr wichtig, weil unsere Kinder über uns auch das Wesen Gottes kennenlernen sollen. Das Bild, das sie von uns als Eltern haben, wird auch das Bild sein, das sie sich von Gott machen. Darum müssen wir sehr vorsichtig sein und sie behandeln wie Gott uns behandelt – und Gott nimmt uns an, so wie wir sind, und wohnt in uns.
Einmal hat einer unserer Jungen etwas ziemlich Schlimmes fabriziert. Er war etwa sieben Jahre alt. Ich mußte ihm dafür sein Hinterteil versohlen, und anschließend haben wir ihn ins Bett geschickt. Als ich am Kinderzimmer vorbeiging, rief er mich und gebrauchte dann einen spanischen Ausdruck, der etwa ausdrückt: »Ich bin so ruhig.« Ich fragte ihn, warum er denn ruhig sei. »Weil ich weiß, daß du mich liebhast, auch wenn du mich verhauen hast.«
In seinem kleinen Kopf war das Konzept der Liebe Gottes schon fest verankert. Unsere Kinder haben nie die Befürchtung gehabt, daß sie von Gott verstoßen würden, weil wir ihnen gezeigt haben, daß sie immer angenommen sind.
Zum andern glaube ich aber auch, daß Disziplin notwendig ist. Disziplin hat aber nichts mit Gesetzlichkeit zu tun. Gesetzlichkeit ist das, wenn man etwas leisten muß, um angenommen zu sein. Disziplin geht mit Annahme einher. Unsere Kinder wissen, daß sie angenommen sind, ganz gleich, was sie auch tun. Sie müssen aber darüber hinaus lernen, was sich für sie schickt.
Disziplin gehört zur Ordnung. »Putz dir die Zähne«, »Sag bitte und danke« und »Sitz ordentlich« sind Teil der Gepflogenheiten des Hauses.

Außerdem habe ich auch gelernt, daß Schlagen und Schimpfen uns dem angestrebten Ziel nicht allzuviel näherbringt. Wenn die Kinder allerdings keine andere Sprache verstehen, können leichte Schläge auch mal gut sein, besonders wenn die Kinder noch klein sind. Aber es muß für sie verständlich sein, warum es Schläge gibt, und es muß für sie feststehen, daß wir sie trotzdem lieben.
Meine Beobachtung ist, daß bei vielen Eltern die Schläge, die sie ihren Kinder geben, nicht im Verhältnis zu deren Ungehorsam stehen, sondern vielmehr ein Resultat ihrer Ungeduld sind. Bei guter Laune sind diese Eltern dann sehr oft nachsichtig, und das verwirrt die Kinder.
Darüber hinaus suche Führung durch Jesus. Ich habe kein starres Konzept für Erziehung, aber ich glaube, daß ich gerade in der Erziehung spontan durch den Herrn geführt werden kann.
Jedes Kind ist anders. Manchmal wird ein Kind durch ein paar Klapse besser begreifen als durch Worte. In anderen Situationen werden Prügel das Schlechteste sein, was man ihm geben kann. Wenn wir im Geist leben, werden wir durch unseren Herrn geführt werden, auch in den Fragen, wie wir unseren Kindern begegnen sollen, wenn sie etwas falsch machen.

Verstehst du, was ich meine, wenn ich sage, daß das Leben im Geist nicht nur aus Gottesdiensten am Sonntag besteht, sondern daß es das ganze Leben umfaßt. Ich brauche die Leitung des Heiligen Geistes zu Hause bei der Erziehung der Kinder mehr als in den Versammlungen!
Viele Christen denken, der Heilige Geist sei nur für Gebetszeiten da. In ihren Familienangelegenheiten verfahren sie nach eigenem Gutdünken oder nach gelernten Regeln. Nein, so darf es nicht sein. In allen Dingen sollen wir unter der Leitung Jesu stehen.
Wenn wir der Leitung des Geistes folgen würden, dann wären unsere Häuser mehr ein Zeugnis für unsere Umge-

bung. Aber allzuoft geht es bei uns zu Hause drunter und drüber. Das Leben in unseren Häusern muß vor unserem Dienst in der Gemeinde rangieren.
Wir hatten einmal eine schwierige Situation in unserer Familie durchzustehen. Da war ich so weit, meinen Dienst aufzugeben.
Ich berief ein Familientreffen ein und sagte zu meinen Kindern: »Vielleicht bin ich der Schuldige, weil ich so viel reise und so wenig hier zu Hause sein kann. Mama ist eine Frau, und ihr nutzt das aus. Deshalb werde ich aufhören zu reisen. Ich werde einen Job annehmen, und ich werde zuerst zu Hause evangelisieren, weil ihr für mich von größerer Wichtigkeit seid als mein Dienst.«
Unsere beiden Söhnen sagten daraufhin: »Hör zu, Daddy. Wir sind sicher, daß dein Dienst von Gott ist. Wir haben den Segen gesehen, der durch deinen Dienst den Menschen rund um die Welt zuteil wird. Immer wieder hören wir: ›Dein Daddy hat mir hier und dein Daddy hat mir da geholfen.‹ Wir werden unseren Teil tun, damit du in deinem Dienst bleiben kannst. Wir wollen uns besser benehmen. Wir wollen Mama gehorchen. Wir wollen sie nicht ausnutzen.«
So trafen wir die einmütige Entscheidung, daß ich weiter reise.
Was weiß der Nachbar über den Christen, der neben ihm wohnt? Oft nur, daß in diesem Haus ein Christ lebt, daß er eine sehr seltsame Person ist, daß er frühmorgens weggeht und spätabends erst wiederkommt. Das ist alles, was der Nachbar oft nur weiß. Er hat keine Berührung, keinen Kontakt mit diesem mysteriösen Menschen.
So sollte es nicht sein. Unsere wichtigste Aufgabe ist, daß unsere Familie ein Licht in ihrer Umgebung ist, ein Licht, das Liebe an alle ausstrahlt, die um uns herum leben. Und das fängt an, wenn Jesus Christus der Herr unserer Familie ist.

11. Was ist mit unseren Verwandten?

Als meine Eltern Jesus fanden, befreundeten wir uns sofort mit den Mitgliedern der Gemeinde, zu der wir uns jetzt hielten. Unser ganzes Interesse galt ihnen.
Weißt du, was unsere Verwandten sagten: »Seit sie zu dieser Religion gehören, haben wir sie verloren.«
Es stimmte. Wir waren so geschäftig in der Gemeinde, daß wir allen Kontakt zu unseren Freunden, Verwandten und früheren Bekannten verloren. Wir sahen unsere Verwandten eigentlich nur noch bei Beerdigungen. Genau zu den Menschen, die wir zu Jesus führen sollten, war plötzlich unser Kontakt völlig abgebrochen.
Wer sind diejenigen, die fremde Menschen zu Jesus führen? Doch die, die gerade selbst erst zum Glauben gekommen sind. Sie haben nämlich noch Freunde in der Welt. Nach ein paar Monaten läßt das aber nach, weil sie sich von ihren Freunden getrennt und die Brücken zur Welt abgebrochen haben. Statt dessen kommen sie zu Gebetsversammlungen und Bibelstunden und gehen völlig in ihrem neuen Lebenskreis auf.
Ich erinnere mich an die Zeit, als unsere Familie zu einer italienischen Kirche gehörte. Damals hatten wir jeden Abend außer Freitag eine Veranstaltung. An sechs Abenden der Woche waren wir von zu Hause fort! Jeden Abend um 18.30 Uhr verließen wir mit der Bibel unter dem Arm unser Haus. Wir hatten damals noch keinen Wagen, so mußten wir also erst noch ein Stück weit gehen, um den Zug zu bekommen. Um 22.30 Uhr kamen wir dann erst wieder zurück.
Was wohl damals unsere Nachbarn gedacht haben! Jeden Tag sahen sie uns um 18.30 Uhr losziehen. Wir taten ihnen

bestimmt leid. »Die armen Leute. Was die für eine Religion haben!«
Natürlich hatten wir keine Zeit, uns mit ihnen anzufreunden, wir waren viel zu sehr mit der Gemeinde beschäftigt. War mal endlich ein freier Tag, dann gab es bestimmt eine Sonderveranstaltung in der Gemeinde. Wir waren immer unterwegs, deshalb war für unsere Verwandten oder unsere Nachbarn kein Raum mehr in unserem Leben. Wir waren der Meinung, sehr geistlich zu sein, weil wir immer in der Gemeinde waren.

Gott hat uns errettet, damit sein Reich an dem Ort, an den er uns gestellt hat, gebaut wird, gerade dort, wo wir leben. Wir sind verantwortlich für die Menschen, die um uns herum leben. Jesus möchte, daß wir sie erreichen, um ihnen seine Liebe zu zeigen. Ihn verlangt danach, sie durch uns zu lieben. So wächst das Reich Gottes.
Aber die Gemeindearbeit hat uns zu oft von den normalen Strukturen der Welt abgeschnitten. Wir haben die Verbindungen zu den Menschen abgebrochen, denen wir eigentlich das Licht bringen sollen. Das Resultat ist, daß wir für das Evangelium nutzlos sind.
Wir müssen neu den Sinn der Gemeinde überdenken. Sie war nie dazu bestimmt, nur eine Institution zu sein, die losgelöst ist vom eigentlichen Leben. Das Christwerden und Christsein sollte sich im normalen Lebensvollzug abspielen.
Weißt du, was Gott sich dabei gedacht hat, als er den Abraham berief? Gott hat zu ihm gesagt: »In dir sollen alle Geschlechter auf Erden gesegnet werden.« Was aber taten die Juden? Sie dachten, der Segen Gottes sei nur für sie da; sie wollten das Vorrecht, aber nicht die Verantwortung.
Gott hat uns nicht in seine Gemeinde gestellt, damit wir faul sind. Er erwartet eine Menge von uns.
Wir sind durch Christus der wahre Same Abrahams. Gott will, daß durch uns alle Nationen in den Genuß dieses

Segens Abrahams kommen. Wir sollen das Reich Gottes in der ganzen Welt ausbreiten.
Gott hat uns deshalb überallhin verstreut, damit wir die Erde würzen und die Welt erleuchten können. Jeder soll an dem Platz scheinen, dahin Gott ihn gestellt hat. Auf diese Weise wird das Reich Gottes die Strukturen der Gesellschaft durchdringen, wie Sauerteig den ganzen Brotteig durchdringt.
Jesus hat gesagt: »Suchet zuallererst das Reich Gottes.« Deshalb soll das erste in unserem Leben das Reich Gottes sein. Jeder einzelne von uns befindet sich an dem Platz, den Gott für ihn bestimmt hat, mit dem Ziel der Ausbreitung des Reiches Gottes.

Das heißt, daß es schon sehr wichtig ist, Gott vor einem Umzug zu fragen, wohin er uns haben möchte. Wir sollten nicht einfach auf eigene Faust umziehen, sondern weil Gott uns als seine Vertreter an dem neuen Platz haben möchte.
»Ja, ich habe meine Stelle gewechselt, weil . . .«, sagen wir. Aber das ist falsch. Wir sollten unsere Arbeitsstelle wechseln, wenn Gott uns von einer Arbeitsstelle zur andern nimmt, weil er an unserer neuen Arbeitsstelle einen Missionar braucht.
Wenn du an der Universität studierst, dann bist du nicht in erster Linie dort, um einen akademischen Grad zu erwerben. Du bist zuerst und vor allem dort für das Reich Gottes. Einen akademischen Grad zu erwerben ist ein Teil deiner Arbeit im Reich Gottes. Du studierst aber nicht einfach nur deshalb, damit du deinen Intellekt fördern kannst.
Ein junger Mann kam aus Peru, um bei uns in Argentinien an der Universität zu studieren. Nach einer Weile fand er Jesus. Er kam in unsere Gemeinde. Ein paar Wochen später sagte er zu dem Pastor: »Ich will nicht mehr weiterstudieren.«
»Warum?« fragte der Pastor.
»Weil ich nun gerettet bin«, antwortete er.

»Was meinst du damit?« erkundigte sich der Pastor. »Du brauchst doch nicht mit dem Studieren aufzuhören, nur weil du gerettet bist!«
»Nein, ich habe dort gar nicht richtig studiert.«
»Aber wir haben dich doch studieren sehen.«
»Ja, ich mußte studieren; aber ich war nicht aus diesem Grunde dort. Die kommunistische Partei von Peru hat mich auf die argentinische Universität geschickt, damit ich dort den Kommunismus verbreite. Um das tun zu können, mußte ich regulärer Student werden. Meine Studien habe ich nur als Deckmantel benutzt. Wenn ich ein Examen abgelegt hatte, habe ich für das nächste und dann für das übernächste studiert, und das nur, um auf der Universität den Kommunismus verbreiten zu können.
Wenn du als Christ an einer Universität studierst, dann bist du zuallererst dort, um das Reich Gottes zu verbreiten. Wenn du nicht predigen kannst, dann kannst du als Licht Gottes deinen Einfluß geltend machen. Du kannst die Leute lieben, damit sie sehen, daß Christus heute noch lebt.
Nehmen wir an, du arbeitest bei VW. »Ja, ich arbeite dort, weil dort so gut gezahlt wird, und weil die Sozialleistungen so gut sind«, sagst du. Nein, du bist bei VW, weil Gott dort einen Missionar braucht. Das Geld, das du dort verdienst, soll dich bei deiner Missionsarbeit unterstützen.
Wenn du dein Leben teils in einem privaten Bereich und teils in einem religiösen Bereich führst, dann kannst du an deinem Arbeitsplatz aus vielen persönlichen Gründen arbeiten. Wenn du aber dein Leben ungeteilt lebst, dann ist Gott der Mittelpunkt in allem, was du tust, und wo immer du dich befindest, fühlst du dich dem Auftrag Gottes verantwortlich.
Wir sind für unsere eigene Familie verantwortlich. Nicht der Pastor ist dafür verantwortlich; er ist nur ein Gehilfe und Berater. Wir Ehemänner sind verantwortlich für unsere Frauen und Kinder.

Wenn du aber Witwe bist, dann bist du verantwortlich für deine Kinder.
Wenn du Waise und als einziger der Familie erlöst bist, dann bist du für deine Brüder und Schwestern verantwortlich.
Ganz gleich wo du auch lebst, du bist verantwortlich für deinen Lebenskreis, denn Gott hat dich genau an den Platz gestellt, an dem du stehst.
Du bist das Haupt. Mit »Haupt« meine ich aber nicht eine Person, die Befehle erteilt. Ich meine die geistliche Verantwortung, die priesterliche Funktion. Wenn du im Studentenwohnheim wohnst, und du bist dort der einzige Christ, dann bist du für die Studenten verantwortlich, die mit dir zusammenleben, ob dir das gefällt oder nicht.
Jeder, der Jesus angehört, ist für das Haus, in dem er lebt, verantwortlich. Er ist das Licht für das Haus, der Priester. Und Gott wird einmal jeden von uns fragen: »Was hast du an dem Platz ausgerichtet, an den ich dich gestellt habe?«
Und wir sind auch für unsere Verwandten verantwortlich – für unsere Onkel, Tanten und Cousinen. »Aber es ist über zwanzig Jahre her, seit ich sie zuletzt gesehen habe!« sagst du. Das ist nicht gut, denn du bist für sie verantwortlich.
Und du bist auch für deine Freunde und Bekannten verantwortlich. Nicht nur für deine engsten Freunde, sondern auch für deinen Rechtsanwalt und deinen Zahnarzt. Wenn Gott dich errettet hat, dann deshalb, weil er durch dich alle die Leute erreichen möchte, die Teil deines Lebens sind. Wenn er sie nicht durch dich erreicht, durch wen dann?
Und du bist auch für deine Nachbarn verantwortlich. Du bist der Priester für deine Nachbarschaft.
»Ich?«
Ja, du bist der Priester für deine Nachbarschaft. Die Kirche teilt ihren Bereich in Bischofstümer, Propsteien und Pfarrbezirke ein. Jeder Christ hat einen solchen Pfarrbezirk im übertragenen Sinn.
Der Häuserblock, in dem du wohnst, ist dein Pfarrbezirk. Du bist verantwortlich für diesen Block. Meinst du, daß

Gott einen Engel vom Himmel schickt, um deinen Block zu evangelisieren?
Du bist verantwortlich für deinen kleinen Pfarrbezirk, und euer Pastor ist dein Berater. Er ist da, um dir Sicherheit zu geben und dir bei der Erfüllung deiner Verantwortung zu helfen, indem er dir Unterstützung anbietet; aber du trägst die eigentliche Verantwortung.
Du bist auch verantwortlich für diejenigen, die mit dir zusammenarbeiten. Du hast eine priesterliche Verantwortung für die, die jeden Tag neben dir arbeiten. Gott will mit seinem Licht durch dich in ihr Leben hineinleuchten.
Das bedeutet also, daß du etwas zu tun hast. Vielleicht solltest du damit beginnen, eine Liste der Leute anzufertigen, für die du verantwortlich bist.

Aber bevor du damit anfängst, möchte ich noch einmal wieder eine sehr klare Unterscheidung zwischen einem Konzept und dem tatsächlichen Leben machen.
Wenn du nur das Konzept begreifst und so als Priester in deinem Pfarrbezirk verantwortlich sein willst, wirst du die Aufgabe entweder als eine enorme Last empfinden, oder du wirst losstürmen und durch Anpredigen jeden zu bekehren versuchen. Der Buchstabe aber tötet. Wenn deine Verantwortlichkeit nur ein Konzept ist, dann schadest du damit entweder dir oder du schadest damit den Menschen, denen du eigentlich Zeugnis sein sollst, die du aber durch deine Aktivität abstößt!
Es geht nicht um große Aktivitäten für Jesus. Es geht vielmehr um ein Leben, das so stark in Jesus verankert ist, daß dadurch Menschen zum Licht gezogen werden. Mit anderen Worten, wenn wir 24 Stunden pro Tag mit Jesus verbunden leben, erledigt sich die Arbeit des Reiches Gottes wie von selbst, weil die Gegenwart Jesu die Triebkraft ist.
Bei den Einladungen zu Vorträgen in den Gemeinden befällt mich immer eine gewisse Bangigkeit. Meistens soll

ich über das Thema Jüngerschaft sprechen. Das ist auch mein Lieblingsthema; aber die Gefahr besteht, daß die Hörer Jüngerschaft mehr als Methode auffassen, statt sie als Beziehung zu dem lebendigen Jesus Christus zu verstehen. Die Leute finden den Gedanken der Jüngerschaft sehr reizvoll und attraktiv. Man greift gern nach dem Konzept, läßt dabei aber das Leben außer acht, und das führt dazu, daß ein neues System entsteht – eine neue Form der Einengung.

Als bei uns in Argentinien in der Gemeinde, in der ich Pastor war, Jüngerschaft aufkam, ging es überhaupt nicht um irgendwelche Formen, sondern nur um das Leben. Damals kannten wir noch nicht einmal den Begriff Jüngerschaft. Wir lebten einfach als eine Gemeinschaft zusammen und entdeckten neue Wege. Erst in den Vereinigten Staaten, als ich mit meiner Lehrtätigkeit begann, wurde Jüngerschaft für uns zu einem Begriff.

Ich entdeckte dann, daß wir schon lange Jüngerschaft praktiziert haben, und zwar als Ausdruck des Lebens mit Jesus und nicht als Folge einer Lehre. Als wir aber die Unterordnung und den Gehorsam zur Lehre machten, da wurde das Leben erstickt. Deshalb habe ich Angst vor einem bestimmten Etikett.

Wenn ich in eine Gemeinde eingeladen werde, um über Jüngerschaft zu sprechen, dann spreche ich nicht gleich am ersten Abend über dieses Thema. Ich bereite die Leute vielmehr erst einmal auf das vor, was dann kommt. Die Zuhörer müssen auf alle Fälle begreifen, daß ich in keiner Weise gesetzlich bin. Erst wenn sie das verstanden haben, spreche ich über das Thema Jüngerschaft.

Als Paulus Athen besuchte, stellte er fest, daß die Athener ihre Zeit gern damit verbrachten, neue Lehren anzuhören. Manchmal denke ich, daß wir in unseren Kirchen und Gemeinden dieselbe Haltung haben. Wir hören alle gern, was Pastor Cho in Korea tut, oder was Gott bei uns in Argentinien getan hat.

Solche Dinge sind natürlich interessant und können auch hilfreich sein. Aber wir haben es nicht nötig, sie zu kopieren, weil wir alle denselben lebendigen Geist in uns haben, der uns in unserer speziellen Gemeindesituation führen will. Die Gefahr liegt darin, daß wir die Erfahrungen anderer übernehmen und ein neues System daraus machen, das zur Form erstarrt.

In diesem Buch möchte ich dir aber kein neues System präsentieren. Ich versuche nur, dir den lebendigen Jesus Christus vor Augen zu führen, der dir dann sagen kann, was du in deiner besonderen Situation tun sollst. Es geht nicht um ein neues Konzept für die Gemeinde. Dieses Buch soll dich vielmehr auf den Heiligen Geist hinweisen, der dich 24 Stunden jeden Tag führen und leiten kann.

Wenn ich darüber spreche, wie wir Jünger gewonnen haben, und wie das Reich Gottes in unserer Situation gewachsen ist, dann deshalb, um dich zum Nachdenken zu bringen. Ich möchte dich ermuntern, deine vorgefaßten Konzepte über Gemeinde und Mission einmal fallenzulassen. Du mußt frei sein für das Reden und die Weisungen des Heiligen Geistes. In gewisser Weise möchte ich dich provozieren, wenn ich behaupte, daß wir erst von allen leblosen Theorien und Formen reingewaschen sein müssen, bevor wir erfahren, was der Geist in unseren Gemeinden sagt. Wir müssen unsere erstarrten Konzepte von Kirche und Gemeinde aufgeben, damit wir das sprudelnde Leben Jesu auf einer kontinuierlichen Basis erfahren.

Wenn ich davon spreche, daß wir Licht in unserer Umgebung sein sollen und Priester für diejenigen, die zum Umfeld unseres Lebens gehören, dann geht es mir dabei nicht um ein Konzept. Konzepte und Patentrezepte ergeben sich nicht unbedingt aus unserem Leben mit Christus, sondern sie sind allzuoft nur die Folgen unseres religiösen Systems.

Ich spreche nicht davon, daß du versuchen mußt, deine Verwandten, Arbeitskollegen, Freunde und Nachbarn zur Kirche mitzubekommen, oder daß du ihnen Traktate mit

Bibelversen geben mußt, um sie zu überzeugen, daß sie Christus brauchen. Das ist alles nur Teil unseres religiösen Systems. Die meisten Menschen sind an derartigen Dingen überhaupt nicht interessiert, weil sie nur die Form – die Religion – sehen und nicht das Leben.
Es ist gar nicht einfach, es plausibel zu machen, was ich meine; aber ich glaube, daß eine Zeit kommen wird, in der unsere religiösen Systeme schwer erschüttert werden, und daß dann nur das Bestand hat, was unerschütterlich ist, nämlich alles, was dem Leben mit Jesus entspringt.
Es werden Zeiten kommen, in denen wir vielleicht keine Orgeln, keine Liederbücher und kein Sonntagsschulmaterial mehr haben. Vielleicht werden wir sogar ohne Bibeln sein! Aber die Urgemeinde hatte das auch alles nicht. Das Neue Testament war damals noch nicht geschrieben. Und die meisten Gläubigen hatten keinen Zugang zum Alten Testament. Alles, was sie hatten, war der Heilige Geist, und weil sie 24 Stunden pro Tag mit ihm lebten, hatten sie einen Glauben, der nicht zu erschüttern war. Und das Resultat war, daß sie die Welt auf den Kopf gestellt haben!
Du siehst also, daß religiöse Systeme und Prinzipien sogar zum Hindernis werden können. Eigentlich sollten sie dazu beitragen, daß Menschen zu Christus finden, statt dessen werden sie aber zum Problem. So sind im Laufe der Zeit viele Dinge hinzugefügt worden, von denen wir nicht wissen, wie wir sie wieder loswerden sollen. Wir sind oft sogar davon überzeugt, daß sie wesentlich sind.

Laß es mich illustrieren, was ich meine, wenn ich von einem Hindernis spreche. Unsere Gemeinde in Argentinien ist charismatisch geprägt. Wir heben z. B. unsere Arme hoch, wenn wir singen. (Nun, manchmal tun wir es, und manchmal lassen wir es auch.) Leider gefällt das aber nicht jedem, und so ist dieses System zu einem Hindernis für viele Leute geworden. Als wir einmal eine bestimmte Familie zu unserer Gemeinde eingeladen haben, wurde uns gesagt: »Danke, aber wir werden wohl nicht mitkommen, weil uns die Atmosphäre bei euch nicht liegt und wir nicht in euren Kreis passen.«

Manche Menschen fühlen sich nur in einer baptistischen, in einer katholischen oder in einer anglikanischen Gemeinde wohl. Ich möchte diese Haltung nicht rechtfertigen, aber ich frage mich, ob nicht manchmal die Dinge, die wir in unseren Gemeinden tun, ein Hauptgrund dafür sind, weshalb Ungläubige sich weigern zu kommen. Die meisten Dinge sind einfach nicht normal, sie sind nur religiös.

Wenn du nun weißt, daß die meisten Leute, für die du verantwortlich bist, nicht in die Gemeinde, in die du sie einlädst, mitkommen werden, hast du dann schon einmal daran gedacht, sie in dein Haus einzuladen? Dorthin werden sie bestimmt kommen.

In einer Pfingstgemeinde oder in einer Baptistengemeinde – wie die Benennung auch sein mag – muß der Ungläubige erst viele konfessionelle und traditionelle Hürden überwinden, um zu Christus zu kommen.

Vielleicht ist er antikatholisch, anticharismatisch oder antiliturgisch . . . Aber er ist bestimmt nicht »anti-eiskremisch«. Nimm ihn mit nach Hause. Dann wird dein Haus, und nicht das Gemeindehaus, zum Mittelpunkt deiner christlichen Aktivitäten. Hier besteht dann nicht die Gefahr, daß die Eingeladenen auf ein Gebäude und auf religiöse Riten fixiert sind. Unsere Häuser müssen zu funktionierenden Zentren werden – jedes Haus und jeder einzelne.

Es geht nicht darum, daß du dein Auto aus der Garage holst und zum Haus eines anderen Christen fährst, um dort eine Veranstaltung zu besuchen. Nein, das wäre dasselbe als wenn du zum Gemeindegrundstück führest. Ich meine vielmehr, daß du die Menschen, die in deinem Lebenskreis leben, zu dir nach Hause einladen sollst – deine Verwandten, Freunde, Nachbarn und Arbeitskollegen.

Nun meine ich nicht, daß du Versammlungen in deinem Haus abhalten sollst mit Evangeliumsliedern und Bibelstu-

dium. Es gibt Gemeinden, die das praktizieren. Sie haben vielleicht hundert Mitglieder und teilen diese dann auf vier Häuser auf; aber das ist im Grunde genommen nicht anders als ein Zusammensein in den Kirchengebäuden.
Ich meine, daß du in deinem Haus bleiben sollst, damit du deine priesterlichen Pflichten erfüllen kannst. Das fängt mit deiner Frau an. Ich war Pastor der First Assembly of God, aber meine Frau habe ich vernachlässigt. Fange damit an, daß du deine Frau evangelisierst.
Was meine ich mit evangelisieren?
Evangelisieren heißt, vollkommene Liebe weitergeben. Es bedeutet Austausch, Gemeinschaft, volles Verständnis füreinander haben.
So evangelisiere also deine Frau. Liebe sie und komm ihren Bedürfnissen entgegen, wie es der Heilige Geist dir eingibt. Dann überprüfe dein Verhältnis zu deinen Kindern. Kommst du gut mit ihnen zurecht?
Und wie steht es mit deinen Verwandten?
In welchem Verhältnis stehst du zu deinen Cousins und Tanten? Wie lange ist es her, seit du sie zuletzt gesehen hast? Fange an, die abgebrochenen Brücken wieder aufzubauen. Ich habe es praktiziert, und es ist erstaunlich, was sich getan hat, ohne daß wir sie angepredigt haben.
Ich habe meinen Verwandten geschrieben und die Freundschaft mit ihnen erneuert. Ich habe nicht gepredigt. Ich habe ihnen nur Liebe gegeben. Ich habe mich entschuldigt, daß ich sie vernachlässigt habe, weil ich es zuließ, daß das Gemeindesystem meine ganze Zeit beansprucht hat. Ich habe sie gewonnen, indem ich sie geliebt habe.

Viele Frauen, deren Ehemänner nicht gläubig sind, besuchen sämtliche Gemeindeveranstaltungen. Kein Wunder, daß ihre Ehemänner nicht zu Jesus kommen. Die Gemeinde ist ja ihr Rivale. Diese Frauen müßten zu Hause evangelisieren, indem sie die Liebe Christi demonstrieren, so wie der Heilige Geist sie gerade führt. Jesus wird dir sagen, wie du lieben sollst, wenn du auf ihn hörst und tust, was er dir zeigt.

In unserer Gemeinde in Argentinien hat sich ein Vorfall ereignet, der mich tief berührt hat. Eine sehr nette Familie wurde zu Jesus geführt. Es handelte sich um eine wohlhabende Familie. Der Mann war Atheist gewesen, aber aufgrund eines Heilungswunders an der Tochter wurde die ganze Familie gerettet, und alle lieferten sich völlig dem Herrn aus.

Der Mann begann sofort, Ungläubige in sein Haus einzuladen. Schließlich waren es 30 seiner Freunde und Verwandten, die sich dort regelmäßig trafen. Es hatte etwa anderthalb Jahre gedauert, bis die Gruppe auf diese Größe angewachsen war. Als diese Zahl jedoch erreicht war, hörte das Wachstum auf.

Nachdem die Familie allen ihren Freunden ihr Zeugnis von Jesus gegeben hatte, konnte sie sonst niemand mehr für Jesus gewinnen. Es war etwa so, als wenn du anfängst, in deiner Freizeit Lexika zu verkaufen. Sobald du alle deine Freunde beliefert hast, verkaufst du keine mehr.

Diese Beobachtung machten wir auch bei anderen Familien. Meine Frau folgerte daraus: »Johnny, die für den Herrn Aufgeschlossenen haben wir erreicht, die andern aber werden wir nicht in unsere Kirche bekommen.«

Es schien eine Schallmauer des Wachstums zu geben, die wir nicht durchbrechen konnten. Wir wollten der Tatsache auf den Grund gehen und fragten Jesus sehr ernsthaft, wie es zu weiterem Wachstum kommen kann.

Wir sprachen auch mit dem früheren Atheisten und seiner Familie und fragten sie: »Würden nicht noch viel mehr von euren Freunden und Verwandten zu Jesus kommen, wenn nicht alles in das Gemeindesystem eingebunden wäre?«

Der Bruder dachte darüber nach, und am nächsten Tag sagte er zu mir: »Pastor, ich bin sicher, daß noch viele zu Jesus kommen würden, aber unser Gemeindesystem ist tatsächlich das Problem und der Hinderungsgrund.«

Das regte uns zum Nachdenken an.
Wenn das Gemeindesystem für die Erlösung entscheidend ist, dann müssen wir die Leute in dieses System hineinpressen. Aber wenn die Orgel, die Kirchenlieder, der Chor, der Veranstaltungskalender, der Vorstand, die Diakone und das Sonntagsschulmaterial nicht entscheidend sind, dann sollten wir vielleicht unseren Herrn fragen, ob es nicht noch einen anderen Weg gibt.
Wir fingen also an, inständig zu beten, und wir führten radikale Veränderungen durch, so wie uns unser Herr anleitete. Ich will nicht vorschlagen, daß uns das jede Gemeinde nachmachen sollte; aber für uns war es keine neue Lehre, es ging auch nicht um die Schaffung eines neuen Systems, es war einfach natürliches Leben.
Die Familie, von der ich erzählte, hatte eine große Wohnung. Sie luden nun fortan die Ungläubigen nicht mehr in die Gemeinde ein, sondern in ihr Haus, und hier kamen die Menschen zum Glauben an Jesus Christus.
Sechs Monate später besuchte ich die Familie. In dem Haus versammelten sich inzwischen über 200 Menschen. Etwa 250 Freunde, Verwandte und Bekannte waren gerettet worden, und sie waren alle erfüllt mit dem Heiligen Geist und Jesus ganz ausgeliefert. Aber nicht einer von ihnen kam zu den Gottesdiensten in der Kirchgemeinde.
Ehe wir Leute für Jesus gewinnen können, müssen wir Beziehungen aufbauen. Oft sind sie abgebrochen worden, so daß sie repariert werden müssen. Wenn ein Geburtstag anliegt, habe ich ein kleines Geschenk parat. Oder vielleicht schenke ich meinem Nachbarn eine Pflanze und fange so an, eine Freundschaft aufzubauen. Ich nutze jede Gelegenheit, um Leute als Freunde zu gewinnen. Dann wird das Evangelium ganz spontan durch ein solches Verhältnis verkündigt.

Vielleicht folgerst du jetzt aus dem Gesagten, daß ich gegen kirchliche Bauten und alles, was darin vorgeht, bin. Nein, ich bin absolut nicht dagegen; aber ich glaube, daß wir die

Gebäude ganz anders nutzen würden, wenn der Schwerpunkt unserer Aktivitäten in diesen Gebäuden auf die Menschen in ihren Häusern verlagert würde.
Wenn ich könnte, würde ich den herkömmlichen Gebäuden noch einige Funktionsräume bzw. -flächen angliedern. Ich würde z.B. einen Swimmingpool, einen Sportplatz und vielleicht auch eine Sauna einrichten. Die wenigsten in der Gemeinde können zu Hause einen Swimmingpool oder eine Sauna haben, so daß es ideal wäre, wenn für sie solche Möglichkeiten im Gemeindezentrum zur Verfügung stünden. Die bestehenden Gottesdiensträume könnten für Konferenzen und für besondere Anbetungszeiten der Gesamtgemeinde genutzt werden.
Wenn wir uns der Fessel des Gebäudes entledigen würden, könnte die Gemeinde anfangen, zahlenmäßig zu wachsen. Um der Ungläubigen willen müssen wir vielleicht an manchen Sonntagen das Gebäude schließen. Wir brauchen nicht an jedem Sonntag eine neue Botschaft zu hören. Vielleicht reicht eine im Monat aus; dann haben wir genügend Zeit, das Gehörte in die Praxis umzusetzen.
So könnten wir an den anderen Sonntagen für unseren Herrn arbeiten. Statt des Gottesdienstbesuchs könnte jeder einige Freunde oder Verwandte zu sich nach Hause einladen – nicht zu einem religiösen Treffen, sondern um Kontakte aufzubauen.
Nehmen wir als Beispiel eine Gemeinde, die aus 800 Mitgliedern besteht, die wiederum aus etwa 250 Häusern kommen. Wenn wir uns im Kirchengebäude versammeln, kommt in vielen Fällen der kleinen Kinder wegen nur ein Elternteil. Wenn wir uns aber in den Häusern versammeln, dann sind der Ehemann, die Ehefrau und die Kinder dabei, und es kann in 250 Häusern evangelisiert werden.
Wir wollen natürlich nicht das Gemeindezentrum an drei von vier Sonntagen schließen, damit die Mitglieder zu Hause bleiben und fernsehen können, sondern damit sie besser im Einsatz für das Reich Gottes stehen können. Die

Häuser wären offen – nicht für angekündigte Veranstaltungen – sondern um Cousinen, Tanten, Nachbarn, Freunde und Arbeitskollegen einzuladen und ihnen die Liebe Gottes nahezubringen.

An dem Sonntag, an dem wir im Gemeindegebäude zusammenkommen, würde dann der Platz nicht ausreichen für die vielen Menschen, die an den zurückliegenden Sonntagen für Jesus gewonnen worden sind. So müßte der Pastor eine Einteilung vornehmen: »Wer im Norden der Stadt wohnt, kommt am Morgen, und wer im Süden wohnt, der kommt am Abend.«

Die folgenden drei Wochen würden wieder in derselben Art und Weise genutzt werden, so daß dann der Pastor nach dem zweiten Monat sagen muß: »Wer im Norden wohnt, kommt am Morgen, wer im Süden wohnt, kommt am Abend, und wer im Südwesten wohnt, der kommt schon Samstagabend.«

Schließlich wäre dann das Gebäude an jedem Tag mit anderen Menschen aus den verschiedenen Stadtteilen gefüllt.

In dieser Form hat die Urgemeinde gearbeitet. Du kannst es im Neuen Testament nachlesen. Sie hörten nie auf, die Arbeit des Herrn zu tun, sowohl in der Öffentlichkeit als auch in den Häusern. Wir reden immer davon, daß wir mit der Arbeit des Herrn ANFANGEN wollen, sie aber HÖRTEN NIE AUF.

Wir sind eine königliche Priesterschaft und sollen die Liebe Gottes in die Welt tragen. Wir sind Botschafter Christi, in diese Welt gesandt, um die Gute Nachricht allen Nationen zu bringen. Es ist an der Zeit, daß wir uns unsere Kirchengebäude untertan machen, statt ihnen untertan zu sein. Wenn die Gemeinde in der Person Jesu Christi ihre Mitte hat statt in einem religiösen System, dann wird das Reich Gottes auf der ganzen Erde ausgebreitet werden, wie es Jesus befohlen hat.

12. Hat Gott Bedürfnisse?

Manche Menschen haben die bange Befürchtung, daß Gott unnahbar ist. Und manche Gläubige haben tief drinnen das Gefühl, daß Gott, sie in den Griff bekommen will. Andere meinen, daß Gott sowieso nur für die Christen da ist.
Nein, Gott ist für jeden da. Er ist der Gott aller Nationen, und er liebt alle Menschen.
Gott ist nicht nur der Gott der Juden oder der Christen. Er liebt die Araber genauso, wie er die Juden liebt. Er liebt die Nordamerikaner, die Südamerikaner und die Afrikaner. Er liebt sie, und er ist für alle da.
Wie können wir das wissen? Er hat das natürlich vor allem an seinem Sohn Jesus Christus demonstriert. Jesus ist die fleischgewordene Liebe Gottes.
Aber Jesus ist selbst nicht mehr als menschliches Wesen auf dieser Erde. Deshalb hat er die erwählt, die an ihn glauben, damit sie der Welt seine Liebe zeigen. Die Gläubigen sind die Repräsentanten Jesu. Wir stellen Christus für diese Welt dar. Wenn die Leute die Liebe Gottes nicht in unserem Leben sehen, dann werden sie diese überhaupt nicht sehen. Durch uns will sich Christus in dieser komplexen Welt offenbaren, nur auf diesem Wege. Entweder die Menschen sehen Gottes Liebe an uns, weil Christus in uns wohnt, oder sie sehen sie überhaupt nicht.
Jahrhunderte bevor Jesus zur Erde kam, hat Gott eine besondere Nation auserwählt, um der Welt seine Liebe zu zeigen. Diese Nation ist Israel. Er schloß einen Bund mit ihnen. In 2. Mose 19, 5–6 steht: »Werdet ihr nun meiner Stimme gehorchen und meinen Bund halten, so sollt ihr mein Eigentum sein vor allen Völkern; denn die ganze Erde ist mein. Und ihr sollt mir ein Königreich von Priestern und ein heiliges Volk sein.«
Als Gott das Volk Israel berief, hatte er dabei die ganze Welt

im Sinn. Er ist der Gott aller Nationen, und er hat Israel berufen, damit es ein Königreich von Priestern für diese Nationen sei. Es war Gottes Absicht, durch Israel der gesamten Menschheit seine Liebe zu zeigen. Gott hatte schon damals die ganze Schöpfung im Sinn. Das ist schon zu erkennen an seiner Verheißung, die er Adam und Eva gegeben hat, daß ein Erlöser der Schlange den Kopf zertreten wird. Dieser Erlöser sollte nicht nur zu dem jüdischen Volk kommen; er ist für alle Nationen gekommen, für Weiße, Schwarze, Braune und Gelbe.

Warum hat Gott das Volk Israel eigentlich erwählt?

Er hat sie erwählt, weil sie Abrahams Nachkommen waren, und ihm hatte er verheißen, daß durch ihn »alle Geschlechter auf Erden gesegnet würden«. Die Israeliten sollten Priester Gottes sein, die der ganzen Welt Gottes Liebe zeigen. Aber Israel wurde selbstgerecht.

»Wir sind das Volk Gottes«, sagten sie. »Wir sind die Auserwählten. Die anderen Nationen sind Heiden. Puh! Wir sind die Privilegierten, wir sind die heilige Nation.«

Sie vergaßen aber ihren Auftrag für den Rest der Welt. Nicht nur daß sie ihren Auftrag als Priester für den Rest der Nationen vernachlässigten, nein, sie kamen sogar an den Punkt, daß sie selbst Priester brauchten. Eigentlich waren sie dazu erwählt, zwischen Gott und den anderen Nationen Priesterfunktionen zu übernehmen, statt dessen mußte Gott ihnen ihre eigenen Priester geben. So wurden die Leviten dazu erwählt, die Sünden des Volkes vor Gott zu bekennen und Opfer für sie darzubringen.

Und was war mit den Nationen, mit dem Rest der Welt? Die Haltung der Juden war geprägt von Gleichgültigkeit, nach dem Motto: »Laß sie doch umkommen!« Für die Juden waren die anderen Nationen der Unrat der Welt. So konnte Israel seinen Auftrag nie ausfüllen. Israel hat Gottes Liebe an die anderen Nationen nie weitergegeben.

Nun sind dieselben Worte, die Gott zum Volk Israel auf dem

Berg Sinai gesagt hat, auch uns gesagt, die wir an Jesus glauben.

In 1. Petrus 2,5.9 steht: »Und bauet auch ihr euch als lebendige Steine zum geistlichen Hause und zur heiligen Priesterschaft, zu opfern geistliche Opfer, die Gott angenehm sind durch Jesus Christus ... Ihr aber seid das auserwählte Geschlecht, das königliche Priestertum, das heilige Volk, das Volk des Eigentums, daß ihr verkündigen sollt die Wohltaten des, der euch berufen hat von der Finsternis zu seinem wunderbaren Licht.«

In Apostelgeschichte 13 sehen wir solche Priester in Aktion. In der Gemeinde zu Antiochien gab es Propheten und Lehrer. Unter ihnen waren Paulus und Barnabas. Sie »dienten dem Herrn«, und zwar in der Funktion von Priestern. Was sie gesagt haben, das wird uns nicht berichtet; aber es wird uns berichtet, daß sie dienten. Und dienen heißt, auf die Bedürfnisse einer Person eingehen. Bei ihnen war es so, daß sie auf die Bedürfnisse Gottes eingingen.

Wie haben sie denn Gott gedient?

Lange Zeit habe ich das nicht gewußt, weil man uns auf dem Seminar nur gesagt hat, wie man auf die Bedürfnisse von Menschen eingeht, nicht aber, wie man auf Gottes Bedürfnisse eingeht. Wir können aber aus dem Kontext erkennen, was sie getan haben. Der Heilige Geist hat z. B. gesagt: »Sondert mir Barnabas und Saulus für die Arbeit aus, für die ich sie berufen habe.« Dann sandte die Gemeinde sie aus.

Mit anderen Worten: Sie haben den Herrn gefragt: »Was geschieht mit dem Rest der Welt, Herr?«

Ich bewundere die Gesinnung, die die Christen in Antiochien hatten. Sie haben sich nicht beklagt, daß Jesus ihnen ihre Pastoren entführen wollte, um sie zu den anderen Nationen zu schicken. Sie haben nicht gesagt: »Nein, wir möchten, daß unser Pastor hierbleibt. Wir werden abstimmen, um ihn bei uns zu behalten.«

So dienten sie Gott in besonderer Weise, indem sie fragten: *»Herr, was hast du mit dem Rest der Welt vor?«*

Gottes Antwort war, daß sie sich von den besten Mitarbeitern trennen und sie aussenden sollten. Zwei von ihnen gingen, durch den Heiligen Geist auf diesen Weg gesandt, hinunter nach Seleucia und von dort nach Cypern. Dies war die erste Missionsreise des Apostels Paulus samt seinem Mitarbeiter. Beide übten die Funktion von Priestern aus.
Was bedeutet das Wort Priester?
Wir stellen uns einen Mann vor mit einem langen, schwarzen Gewand. Aber darum geht es nicht. Ein Priester ist eine Person, die zwischen dem Menschen und Gott steht. Ein anderes Wort ist Fürsprecher, Vermittler. Das heißt: einer, der zwischen zwei Parteien steht. Er möchte Gottes Reich vorantreiben. Er möchte Gottes Angelegenheiten, Gottes Wege, Gottes Wünsche unter den Menschen fördern. Er ist aber ebenso besorgt um die Bedürfnisse der Menschen in Gottes Gegenwart. Er ist Mittler zwischen zwei Parteien, und das ist keine leichte Aufgabe.
So ist ein Priester letztlich ein Freund.
Er ist ein Freund Gottes und hat Einfluß bei Gott. Er ist ebenso aber auch ein Freund der Menschen und hat Einfluß bei Menschen. Er dient den Menschen zugunsten Gottes, und er dient Gott zugunsten der Menschen.
Manchmal ist es nicht leicht, ein Freund der Menschen und gleichzeitig ein Freund Gottes zu sein. Es ist so, als befände man sich in der Mitte einer dreispurigen Fahrbahn – man muß auf beide Seiten achten. Und genau das ist das Wesentliche an der Priesterschaft – man muß beiden Seiten Freund sein. Wenn du nicht Verbindung, Annahme und Freundschaft mit beiden Seiten hast, kannst du kein Priester sein.
Wie sieht das ganz praktisch aus, wenn man als Priester, als Dienender, als Fürsprecher fungieren soll?
Ein Priester ist jemand, der sich den Bedürfnissen der Menschen zuwendet. Wenn ein Mensch z.B. Heilung, Vergebung oder Beratung braucht, dann beauftragt Gott einen oder mehrere Priester, um diese Bedürfnisse zu erfüllen. Wenn mir nun beispielsweise $ 1000 zur Verfügung

stehen, um sie an zehn bedürftige Personen weiterzugeben, dann ist es meine Verpflichtung, sie auch unter jenen zehn Leuten auszuteilen, und ich überlege, wie ich diese Bedürfnisse am wirkungsvollsten erfüllen kann.
Aber wir sollen auch Gottes Bedürfnisse erfüllen. Du fragst, ob Gott überhaupt Bedürfnisse hat?
Glaub es oder glaub es nicht, Gott hat viele Bedürfnisse. Er braucht unseren Dienst. Deshalb hat er Priester und Mittler in seinen Dienst berufen.

Laß mich eine Begebenheit aus der Bibel zitieren. Sie steht in Hesekiel 22. Das ganze Kapitel beschreibt die schreckliche soziale, politische und geistliche Lage, in der sich das Volk Israel befand.
Die ganze Situation wird in Vers 29 so zusammengefaßt: »Das Volk des Landes übt Gewalt; sie rauben drauf los und bedrücken die Armen und Elenden und tun den Fremdlingen Gewalt an gegen alles Recht.«
Wie verhielt sich nun Gott in dieser tragischen Situation? In Vers 30 steht: »Ich suchte unter ihnen, ob jemand eine Mauer ziehen und in die Bresche vor mir treten würde für das Land, damit ich's nicht vernichten müßte; aber ich fand keinen.«
Weil Gott keinen fand, mußte er sie als Nation bestrafen und dem Feind ausliefern, um dem ganzen Leiden, das sie selbst über sich gebracht haben, ein Ende zu bereiten.
Gott war entsetzt über die Art, in der sie die Armen, die Alten und die Schutzlosen quälten. Aber Gott wollte sie nicht um ihrer Sünde willen zerstören. Er suchte nach nur einer einzigen Person, die vor ihm in die Bresche treten würde für das Volk Israel, aber er konnte keine finden. Wenn er auch nur eine einzige Person gefunden hätte, dann hätte Gott das Volk nicht strafen müssen. Aber es gab nicht einen Priester, nicht einen Fürsprecher in dem ganzen Volk.
Eins der größten Probleme der Kirche heute ist, daß viele Christen nicht an einen persönlichen, lebendigen Gott glauben. Für sie besteht Gott nur aus einer Anhäufung von

Gesetzen und Lehrsätzen. Wenn sie tun, was die Regeln sagen und wenn ihr Leben mit den Lehrsätzen übereinstimmt, dann fühlen sie sich sicher. Ist das nicht der Fall, dann werden sie ängstlich.

Unser Gott aber ist eine Person, voller Gefühle und Empfindungen.

Er ist eine Person, die sich glücklich fühlen und zornig werden kann. Gott lacht und weint. Er ist eine Person, mit der du sprechen kannst, der du Dinge erklären kannst. Gott ist einer, mit dem du Fragen erörtern kannst und der dich versteht. Gott ist verständig und logisch.

Du kannst zu ihm kommen und sagen: »Was soll in dieser Situation geschehen?« Und er wird hören und antworten.

Gott ist nicht ein Buch voller Vorschriften und Regeln. Er ist eine Person. Er braucht Freunde, und er sucht Freunde.

Ein Bischof aus Indien hat berichtet, daß er, bevor er zum Christentum übergetreten ist, ein sehr religiöser Mann war. Er hatte in jedem nur erdenklichen Tempel bereits angebetet. Für das Christentum gewonnen hat ihn aber dann ein Wort, nämlich das Wort »Zugang«.

Er hat bis dahin niemals Zugang gefunden zu irgendeinem der Götter in all den vielen Tempeln, obwohl es unzählige Tempel und Götter waren. Er fand den Zugang zu Gott allein durch Christus Jesus. Und das Wesentliche des Neuen Testaments ist tatsächlich der Zugang zu Gott, den jeder Mensch haben kann. Aber wir sind noch zu sehr in dem alttestamentlichen Konzept verwurzelt. Wir sagen: »Wir treten in deine Gegenwart.«

Doch Gott ist dessen müde! Er möchte Freunde, die ihn ABBA, d. h. wörtlich Papa oder Vati, nennen.

Der Prinz von Wales machte einmal einen Besuch bei uns in Argentinien. Zu seiner Begrüßung fanden alle möglichen Zeremonien statt. Als er aus dem Flugzeug stieg, wurden Kanonenschüsse abgefeuert, es ertönte Musik und dann erfolgte die formelle Begrüßung durch die Regierungsvertre-

ter. Ich kann mir gut vorstellen, daß er, als er endlich im Hotel ankam, bei sich gedacht hat: »Jetzt reicht es aber!«
Du glaubst nicht, daß der Prince of Wales so etwas denkt? Natürlich. Meinst du, er lebt nur in einem Smoking? Er trägt zeitweise auch einen Schlafanzug. Ja, ich glaube schon, daß er des Protokolls überdrüssig werden kann.
Ich bin davon überzeugt, daß Gott auch dann Gemeinschaft mit uns haben möchte, wenn wir müde sind und unsere Schuhe ausgezogen haben, oder wenn wir uns in der Badewanne entspannen. Aber wir sind so unnatürlich und verkrampft. Wir halten ganz streng das Protokoll ein, und Gott langweilt sich damit.
Gott ist eine Person und lädt zur Freundschaft ein. Er möchte neben dir sitzen und sagen: »Mein Sohn oder meine Tochter, ich liebe dich.« Er möchte, daß du ihm sagst, daß du ihn auch liebst. Er hat Jesus aus genau diesem Grund auf die Erde geschickt – um uns den Zugang zu verschaffen, damit wir seine Freunde sein können.
Wenn wir in die Bibel schauen, stellen wir fest, daß einige von Gottes engsten Freunden gar nicht so heilig waren wie wir denken.
David war ein Mann nach dem Herzen Gottes, aber schau dir die Dinge an, die er getan hat.
Abraham war der Freund Gottes, und trotzdem hat er viele Dinge falsch gemacht. Er war einer der Schlimmsten! Sein Vater stellte Götzenbilder her, und so wuchs er mit der Anbetung von Götzen auf. Er hatte nicht viel Gutes aufzuweisen, bevor Gott ihn berief. Aber Gott machte ihn durch Gnade zu seinem Freund und nahm sich vor, den Rest der Menschheit durch ihn zu segnen. Das geschah nicht, weil Abraham etwas Besonderes war, sondern weil Gott ihn als seinen Freund erwählt hat.
»Du sollst mein kostbarer Freund sein und durch dich wird eine ganze Nation geboren werden, die auch meine Freunde sein werden«, hat Gott ihm versprochen. »Ob-

wohl ich der Gott aller Nationen bin, erwähle ich dich, um mir nahe zu sein und den Rest der Menschheit zu segnen.«
Hier liegt der wahre Grund für unsere Freundschaft mit Gott. Sie besteht nicht darin, daß wir unser Ego befriedigen und uns damit brüsten: »Ich bin ein Freund Gottes.«

Einmal ging Gott am Morgen in Abrahams Zelt und verbrachte den ganzen Tag bei ihm. Die Begebenheit steht in 1. Mose 18.
Gott ruhte sich in Abrahams Zelt aus! Eine herrliche Sache, Gott in seinem Zelt ausruhen zu lassen. Gott und Abraham unterhielten sich, während Sara Brot backte und andere Gerichte bereitete, und Abraham half ihr dabei. Gott liebte diese Freundschaft, und ehe er wegging, teilte er Abraham die ungeheuerliche Nachricht von der Geburt Isaaks mit.
Stell dir vor, Gott kommt, um mit dir den ganzen Tag zu verbringen! Wir Prediger nehmen uns fünf Minuten Zeit für dieses und fünf Minuten Zeit für jenes, aber Gott verbrachte den ganzen Tag im Zelt seines Freundes, nur um ihm die gute Nachricht über Isaak mitzuteilen. Diese Züge der Freundschaft Gottes mit den Menschen begegnen uns in der ganzen Bibel. Er hat ein wirkliches Interesse an seinen Freunden.

»Nun muß ich gehen«, mag Gott gesagt haben. Dann überlegte er sich: »Ich bin dabei, die benachbarten Städte Sodom und Gomorrha zu verderben, weil ihre Sünden zum Himmel schreien. Nun befinden sich diese Leute in der Nähe von Abraham, aber ich habe ihm noch nicht erzählt, was ich vorhabe. Ich sollte es ihm sagen. Was ist das für ein Freund, der dem andern nicht seine Geheimnisse anvertraut? Ich glaube, ich sollte es ihm erzählen.«
Deshalb sagte er: »Abraham, komm her.«
»Ja, Herr, hier bin ich.«
»Du bist mein Freund. Ich muß dir etwas mitteilen. Ich habe vor, Sodom und Gomorrha zu zerstören.«
»Aber warum?«

»Weil ihre Bosheit zum Himmel schreit, und wir – die Dreieinigkeit – sind dessen müde. Sie bringen so schreckliches Elend über sich selbst, daß keine andere Wahl bleibt, als sie zu verderben.«
»Moment bitte«, sagte Abraham. »Diese Seite von dir kenne ich noch gar nicht. Du willst diese Städte zerstören?«
»Ja, wegen ihrer Bosheit.«
»Wohnen dort nicht auch wenigstens ein paar gerechte Leute in diesen beiden Städten? Sind alle verdorben? Willst du die Gerechten mit den Ungerechten zerstören? Das traue ich dir, als meinem Freund, kaum zu!«
»Nein, die Gerechten möchte ich nicht zerstören. Wenn in der Stadt mehr als 50 Gerechte sind, dann will ich sie nicht zerstören.«
»Gut. Aber wenn es nur 45 sind? Willst du sie dann zerstören?«
»Natürlich nicht. Was hältst du von mir?«
»Und angenommen, es sind keine 45? Wenn es nur 40 oder 30 oder 20 sind? Was, wenn nur 10 von ihnen gerecht sind?«
»Nein, ich würde die Stadt nicht zerstören, auch wenn dort nur 10 sind.«
»Dann ist es gut. Ich wußte doch, daß du in Wirklichkeit so gut bist. Du bist wunderbar.«
»Danke. Aber ich bin froh, daß du mich daran erinnert hast. Wir hatten vor, alle zu zerstören. Wir waren so bestürzt.«

Aber dort waren auch keine zehn Gerechte in der Stadt. Der einzige Gerechte, der dort wohnte, war Lot. Als Gott also in der Stadt ankam, erinnerte er sich an Abrahams Einwand und nahm Lot und seine Familie aus der Stadt fort, bevor er sie zerstörte. Er tat es um Abrahams willen. Was für eine Macht lag in dieser Freundschaft!
Es gibt viele Beispiele dieser Art in der Bibel. Gott möchte gern Freunde haben, die ihn an sein Wesen erinnern, die in den Riß treten zwischen Gott und Menschen. Das ist die Aufgabe der Priester. Es ist enorm wichtig, daß wir das in der heutigen Zeit begreifen.

13. Heb dir dein Protokoll für den Präsidenten auf

Die Situation zur Zeit der Sintflut war so schrecklich, daß Gott sie nicht mehr länger ertragen konnte. Die ganze Erde war korrupt und die Gewalt hatte überhand genommen. Jeder Gedanke, den die Menschen dachten, war darauf gerichtet, wie sie sich gegenseitig noch mehr Böses antun konnten.

So beschloß Gott, dem allen ein Ende zu setzen.

Noah war ein Freund Gottes. Als Gott sich entschieden hatte, die ganze Erde zu zerstören, war er der Priester, der zwischen Gott und den Menschen stand. Ein guter Priester nutzt seinen Einfluß nicht dazu aus, sich selbst zu retten. Er hat den Rest der Welt im Blick. Das ist seine eigentliche Aufgabe als Priester.

Ob Noah alles getan hat, was er tun konnte, um das Gericht abzuwenden, wissen wir nicht. Aber nachdem er 120 Jahre gepredigt hatte, war niemand überzeugt worden. Vielleicht hat er nur gegen ihre Sünden gewettert, statt ihnen Gottes Liebe zu verkündigen, ich weiß es nicht.

Nach der Sintflut, nachdem Gott seinen ganzen Ärger ausgedrückt hatte und sich wieder abkühlte, bedachte Gott, was mit der Erde geschehen war.

»Was mußte ich mit dieser wunderschönen Erde tun!« sagte er bei sich selbst. »Alles ist vernichtet – die ganze Erde ist überflutet; aber die Menschen haben es verdient. Ich hatte das Recht, es zu tun, weil ich sie geschaffen habe, und weil die Menschen sich gegen mich versündigt hatten.«

Nachdem das Wasser zurückgegangen war, kam Noah aus der Arche heraus und baute einen Altar. Er nahm jeweils

eins der Tiere, die Gott als zum Opfer annehmbar bestimmt hatte und opferte sie auf dem Altar.
Oben im Himmel roch Gott den süßen Duft von Noahs Opfer.
»Was ist das denn für ein süßer Duft?« fragte Gott die Engel.
»Der kommt von Noah vom Planeten Erde – dem Planeten, den du gerade zerstört hast«, sagten sie.
»Von Noah? Für mich? Da schau an! Ist das nicht nett? Ich will die Erde nicht noch einmal auf diese Weise zerstören. Ich will sie nicht noch einmal verfluchen. Ich will nie wieder derart stark regnen lassen, und ich will einen Regenbogen am Himmel erscheinen lassen, damit er mich an mein Versprechen erinnert.«

Das vermag die Macht eines Priesters. Der Dienst des Priesters besteht darin, Verhaltensweisen zu verändern, und zwar entweder die Haltung des Menschen Gott gegenüber oder die Haltung Gottes dem Menschen gegenüber.
Die Berufung zum Priester bedeutet eine enorme Verpflichtung und Verantwortung. Das Sein oder Nichtsein vieler Menschenleben hängt von der Erfüllung dieser Aufgabe ab. Wenn wir vergessen, daß wir selbst Sünder waren und wenn wir die Menschen richten und verdammen statt sie zu lieben, dann verhalten wir uns wie Jona. Er war zum Priester berufen, aber er leistete keine sehr gute Arbeit.

Ninive war eine sehr sündige Stadt. Gott sagte zum Propheten Jona: »Geh und sage den Leuten von Ninive, daß ich im Begriff bin, sie zu vernichten. Ich habe ihre Schlechtigkeit und Bosheit satt.«
Jona wollte nicht gehen, weil er an den Menschen kein Interesse hatte. Soll Gott sie doch zerstören! So mußte Gott ihn mit Hilfe eines großen Fisches zu seinem Auftrag zwingen.
Jona hätte sich so verhalten müssen wie Abraham. Statt dessen war es ihm gleichgültig, daß die Bewohner Ninives

vernichtet werden sollten. Wir brauchen priesterliche Menschen, wenn sie erfahren, daß Gott ein Unglück über eine Stadt oder ein Land hereinbrechen lassen will, die vor ihn treten und sagen: »Bitte, nicht! Vernichte sie nicht.«
Aber Jonas Haltung gleicht der Haltung, die viele von uns heute an den Tag legen: »Du willst sie zerstören? Gut so, sie haben es verdient.«
Als Gott Ninive aber doch nicht zerstörte, geriet Jona aus der Fassung.
»Genau aus diesem Grund wollte ich nicht dorthin gehen«, sagte er. »Ich wußte, daß du ihnen vergeben würdest, wenn sie Buße tun!«
Anstelle von Jona wurde der Heidenkönig von Ninive der Fürsprecher der Stadt. Er trat vor Gott für das Volk ein und fastete.
»Schau dir das an!« sagte Gott. »Wenn dieser König das tut, dann kann ich sie nicht zerstören!«
So wurde Ninive verschont.

Einer der größten Vermittler und Fürsprecher war Mose. Er war Priester im wahrsten Sinne des Wortes. Erinnerst du dich an die Begebenheit, als Gott draußen in der Wüste über das Volk zornig wurde?

»Ich kann das Volk nicht mehr ertragen. Ich will es vernichten und statt dessen eine große Nation aus deiner Nachkommenschaft machen«, sagte er zu Mose.
Mose drehte sich nicht um seine eigene Achse, weil er von der Liebe Gottes lebte. Seine ganze Sorge galt dem Volk. Er war sogar bereit, sein eigenes Leben aufs Spiel zu setzen, um sich mit dem Volk zu identifizieren. Er hatte schon das Geheimnis begriffen, das später Jesus zum Ausdruck brachte, als er sagte, daß alle, die ihm wirklich folgen wollen und Priester sein möchten, wie er unser Hoherpriester ist, bereit sein müssen, das Kreuz aufzunehmen, wie er es getragen hat und ihr Leben für andere hinzugeben, um Gottes Liebe deutlich zu machen.

Deshalb sagte Mose zu Gott: »Ich werde nicht weichen. Wenn du sie zerstörst, dann zerstöre auch mich.«
»Was meinst du, Mose?«
»Ich meine genau das, was du gehört hast! Streiche dann auch mich aus dem Buch des Lebens. Die ganze Welt wird sagen: ›Schaut euch ihren Gott an. Er hat sie aus Ägypten herausgeführt, um sie in der Wüste zu vernichten. Schaut euch das an!‹ Ich will nicht dabeistehen und zusehen, wie du das tust.«
»Aber Mose, du wirst unversehrt davonkommen. Laß mich die bösen Menschen erst zerstören, und dann werde ich mit dir noch einmal neu anfangen und ein Volk aus dir machen.«
»Bitte, warte damit noch! Das kann und darf einfach nicht der Weg sein, sie alle zu töten.«

So rührte Mose das Herz Gottes an. Gott ist nicht ein Bündel von Vorschriften oder eine Liste von »du sollst« und »du sollst nicht«. Er ist nicht ein Gott, der wahllos verdammt und auch nicht einer, mit dem man nicht reden darf. Er ist eine Person. Du kannst mit ihm sprechen.
Jesus hat sich in einen menschlichen Körper erniedrigt, in einen Körper, der wie der unsrige ist, um der größte Priester zu sein, den es je gegeben hat.
Er hat auf dieser Erde gelebt, damit er alles über das Menschsein weiß. Wir haben nicht einen Hohenpriester, der unfähig ist, Mitleid und Erbarmen zu empfinden, weil er selbst durch all die unterschiedlichen Erfahrungen des Menschseins gegangen ist, durch die wir immer wieder gehen. Er hat auch die Macht der Versuchung erlebt. Er versteht uns, wir können mit ihm sprechen. Somit können wir über Jesus die Haltung Gottes in bestimmten Situationen verändern.
Heute gibt es wenige Menschen, die eine priesterliche Haltung haben. Meines Erachtens liegt die Ursache darin, daß wir nicht genug über das Verhältnis einer Freundschaft wissen.

Wir haben nur eine Religion statt ein Freundschaftsverhältnis zu Gott. Wenn wir zu ihm ein Freundschaftsverhältnis hätten, dann würden wir Gottes Herz kennen, und wir würden wissen, wie wir seine Haltung unseren Mitmenschen gegenüber verändern können, für die wir zu Priestern berufen sind.

Was wäre, wenn ich zu meiner Frau ganz steif sagen würde: »Frau Ortiz, ich trete jetzt in Ihre Gegenwart . . .«? Unsere Ehe würde so nicht allzulange halten, weil kein herzliches Verhältnis vorhanden ist. Gott möchte sich an unserer Freundschaft erfreuen. Er ist unser Vater. Er ist kein Bündel von Vorschriften und Gesetzen. Er ist eine Person.

Es geht mir hier nicht nur um ein Konzept, das ich weitergebe, sondern um Erfahrungen. Ich habe diese wundervolle Gemeinschaft mit Gott persönlich praktiziert. Gott liebt wirklich diese Art der Freundschaft, und er sehnt sich nach ihr.

Viele haben mir schon gesagt: »Ich mag das Protokoll. Ich liebe das Formale, wenn ich mit Gott spreche.«

Aber wie steht es damit, was Gott liebt?

Heb dir, wenn du Lust hast, dein Protokoll für den Präsidenten oder für die Königin auf, aber biete es Gott nicht an. Unsere Aufgabe ist, ihm zu dienen. Es geht nicht darum, durch unsere Religiosität ein schönes Gefühl zu erzeugen.

Unser erstes Kind, David, schlief lange Zeit immer nur tagsüber, und nachts schrie er. Nach einigen Monaten waren wir völlig deprimiert und am Ende, weil wir überhaupt nicht mehr richtig schlafen konnten. Deshalb sagte ich zu Martha: »Ich werde ihm ein paar Klapse geben, weil er lernen muß, daß die Nachtzeit zum Schlafen da ist.«

Ich machte also das Licht an und ging zu seinem Bettchen. Sein ganzes Gesicht war ein einziges Lächeln. »Gugu«, machte er freudig.

»Sieh dir diesen Schlingel an«, sagte ich zu Martha. »Wie kann man ein Kind schlagen, das lächelt?«

Gott ist eine Person mit Gefühlen. Noah, Abraham, Mose

und viele andere haben Gottes Haltung geändert, genauso wie ich die Haltung meiner Kinder und meiner Frau ändern kann – und sie wissen auch, wie sie meine Haltung ändern können, wenn ich aus der Fassung gerate.
Ein Priester ist jemand, der die Versöhnung zwischen zwei Parteien herstellen möchte. Er hat dieses Amt der Versöhnung empfangen und seine größte Freude ist, die beiden Seiten versöhnt zu sehen. Es gibt nichts Wichtigeres für ihn als das. Er ist sogar bereit, sein Leben in die Waagschale zu werfen, um die Versöhnung möglich zu machen, so wie es bei Mose war.
In New York hat sich Pastor David Wilkerson für Drogenabhängige der Polizei gegenüber stark gemacht. Alle andern haben sie nur angeklagt, er aber war bereit, für sie zu kämpfen. Auf diese Weise hat er die Liebe jener Drogenabhängigen gewonnen.
Ein Priester muß der Freund beider Seiten sein. Er darf nicht nur einseitig Partei ergreifen.
Wenn wir also Versöhnung zwischen einem Menschen und Gott schaffen wollen, müssen wir zuerst mit der einen Seite reden.

»Gott, ich verstehe ihn so gut, denn ich bin genauso wie er. Du hast uns erschaffen, deshalb hast du das Recht, das zu tun, was du für richtig hältst. Aber bedenke doch, vielleicht nimmt er dich an. Du weißt am besten, daß wir alle von Jugend auf böse sind. Aber du hast ja das Blut Jesu für die ganze Welt vergossen.«
Nun sprechen wir mit dem Menschen und sagen ihm: »Gott wird dich annehmen. Du mußt aber einwilligen.«
Wir stehen in der Mitte und versuchen, Frieden zu stiften. Deshalb müssen wir Gott gegenüber gut von den Menschen und den Menschen gegenüber gut von Gott sprechen. Wenn wir aber nur schwatzen: »Sieh dir nur an, was sie machen. Das ist schrecklich!« . . . dann sind wir keine Priester. Wir sind dann kein bißchen besser als Jona und als Priester ungeeignet.

Heute proklamieren gewisse »Propheten« lautstark, daß Kalifornien bald im Meer versinken wird. Sie wollen auch, daß das eintritt, damit sich ihre Prophetie bewahrheitet. Solche Priester brauchen wir nicht! Wir brauchen statt dessen Priester, die zu Gott sagen: »Bitte, Gott, willst du wirklich den ganzen wunderschönen Staat versenken? Das mach doch bitte nicht!«
Meinst du, daß du Gott damit imponierst, wenn du sagst: »Ja, Gott, vernichte sie alle«? Nein, so gefällst du ihm nicht. Er wird dich fragen: »Was hast du denn dagegen unternommen? Ich habe einen Menschen gesucht, der sich vor mich stellt für das Land, damit ich es nicht zerstören muß, und wo warst du?«

Gott liebt diese Welt. Ich glaube, daß jede Bewegung, die Gott je geschaffen hat, immer eine Bewegung der Liebe war.
Er hat im alten Bund Noah, Abraham, Mose und unzählige andere berufen, damit sie sich in den Riß stellen zwischen Gott und den Menschen. Er hat sie dazu berufen, weil er die Welt liebt. Er hat seinen eigenen Sohn als den großen Hohenpriester in die Welt gesandt, damit er diese Aufgabe in einzigartiger Weise übernimmt. Und er hat dich an deinen Platz als Priester berufen, damit du seine Liebe den Menschen in deiner Umgebung bekanntmachst.
Das allgemeine Priestertum des Gläubigen ist eine der wichtigsten Lehren des neuen Bundes. Jeder Gläubige ist zum Priesterdienst berufen. Gott hat gesagt: »Nun, mit Israel hat es nicht geklappt, aber mit der Gemeinde wird es funktionieren. Ich werde sie zu einem Königtum von Priestern machen.«
Wir sind dazu berufen, als Mittler zwischen der Welt und Gott zu stehen. Wir aber sagen zu unserem Pastor: »Bitte, bete für mich.« Damit stellen wir den Pastor zwischen Gott und uns. Und was geschieht mit denen, die sich außerhalb der Gemeinde befinden? Für sie haben wir keine Zeit. Wir

drehen uns um uns selbst, statt unserer Aufgabe als Priester nachzukommen.
Bereits mit 14 Jahren habe ich das erste Mal auf der Kanzel gestanden. Bis dahin war ich nur im Kreis frommer Leute aufgewachsen. Ich war ein gutes Gemeindeglied, hatte aber nahezu ausschließlich Kontakt mit Gläubigen, später dann mit Lehrern vom Seminar oder mit Pastoren.
Dann entdeckte ich, daß ich überhaupt nicht wußte, wie ich mich zu den Problemen stellen sollte, denen die Leute meiner Gemeinde in ihren Fabriken und Büros gegenübergestellt waren. So nahm ich einen Job an, um zu lernen, wie ich sie richtig betreuen kann. Ich wollte mit den Bedürfnissen dieser Menschen in Berührung kommen. Ich blieb zwar weiterhin Pastor, aber der Job war Teil meiner pastoralen Arbeit. Ich wollte sehen, wie meine Geschwister leben.
Schon am ersten Tag meiner Arbeit ging es hoch her. Ich sollte erst einmal alle zweideutigen Witze kennenlernen, die meine neuen Arbeitskollegen kannten. Nie in meinem Leben hatte ich solche Dinge gehört! Es war kaum zu glauben.
Am Montagmorgen haben sie erst einmal alles das zum besten gegeben, was sie am Samstag und Sonntag getrieben hatten. Sie prahlten mit den Frauen, mit denen sie geschlafen hatten, und sie protzten damit, daß sie sich haben vollaufen lassen.
Sie zeigten mir Bilder, und ich dachte: »Du meine Güte, so leben also meine Leute. Dann habe ich sie ja überhaupt nicht richtig betreut. Ich erzähle ihnen biblische Geschichten über das Tausendjährige Reich und über die sieben Posaunen. Damit können sie ja überhaupt nichts anfangen. Für sie ist wichtig, daß sie erfahren, wie sie die Situationen bewältigen können, in denen sie leben.«
Viele Christen sagen mit Abscheu: »Sieh nur, was dieser Mensch treibt! Sieh nur, wieviel Böses in dieser Stadt ist! Herr, wie kannst du sie nur verschonen?«
Solche Menschen braucht Gott nicht.

Wir haben Angst, uns an dem Bösen in dieser Welt zu verunreinigen. Dabei vergessen wir, daß er, der in uns lebt, größer ist als der, der in der Welt die Herrschaft hat. Wir müssen die Leute lieben, und wir müssen uns unter sie mischen, so wie Jesus es getan hat.

Es mag eigenartig klingen, aber Jesus ist unser Verwandter geworden. Er hat Fleisch angenommen und hat unter uns Menschen gewohnt. Er hat sich nicht von der Welt abgekapselt und außen an seinem Haus ein Schild angebracht: »Kirche Jesu«. Er hat nicht gewartet, daß die Menschen zu ihm kommen, er ist zu ihnen gegangen.

Einmal ging Jesus in das Haus des Matthäus. Das war ein echter Zöllner und Sünder. »Seht euch das an«, sagten die religiösen Leute. »Jesus kann kein Prophet sein, denn er ist in Matthäus' Haus gegangen und dort sind lauter Sünder. Dort gibt es Drogen, Kartenspiel und Prostitution. Ob er denn weiß, was für Leute dort aus und ein gehen? Wenn er wirklich ein Prophet wäre, dann würde er das wissen und diese Menschen meiden.«
Aber Jesus ist, obwohl er es wußte, dorthin gegangen und hat ihnen von Gottes Reich gesagt, weil er nicht gekommen ist, um zu verdammen, sondern um zu retten.

Wir halten uns für zu heilig. Wir haben nur zu schnell vergessen, was es bedeutet, ein Sünder zu sein. Wir stellen uns auf die Nichtraucher-Seite und lassen die Raucher-Seite mit Befriedigung sterben, ohne zu versuchen, sie auf unsere Seite herüberzuziehen.
Um Priester sein und den Dienst der Versöhnung wahrnehmen zu können, müssen wir Freundschaft mit beiden Seiten halten. Wir müssen uns in das Leben unserer Mitmenschen hineinziehen lassen, um sie für Gott gewinnen zu können. Nur in dieser Haltung sind wir Vermittler – jemand, der zwischen den beiden Parteien steht.

Paulus hat an Timotheus geschrieben (1. Timotheus 2, 1–4): »So ermahne ich nun, daß man vor allen Dingen zuerst tue Bitte, Gebet, Fürbitte und Danksagung für alle Menschen, für die Könige und für alle Obrigkeit, auf daß wir ein ruhiges und stilles Leben führen mögen in aller Gottesfurcht und Ehrbarkeit. Solches ist gut und angenehm vor Gott, unserem Heiland, welcher will, daß allen Menschen geholfen werde und sie zur Erkenntnis der Wahrheit kommen.«
Das ist es, was Gott gefällt – Liebe zu allen Menschen, und nicht die Haltung: »O heiliger Gott, richte diese schrecklichen Sünder.«
Gott mag ein solches Gebet nicht. Er möchte, daß alle Menschen gerettet werden. Es ist ein Schmerz für ihn, wenn er sieht, daß wir uns nur um uns selbst drehen und nur einen Blick für uns selbst haben, frei nach dem Motto: »Halleluja, Hauptsache, wir marschieren in den Himmel!«
Ja natürlich, aber was geschieht mit den andern? Unsere egozentrische Haltung mißfällt unserem Herrn, weil er möchte, daß jeder in den Himmel kommt.
In Johannes 3,16 steht: »Denn so sehr hat Gott die Welt geliebt, daß er seinen eingeborenen Sohn gab.« Wir können diese Stelle ja mal so ändern: »Denn so sehr lieben wir die Welt, daß wir für sie alles tun würden, um sie zu retten.« Um diese Haltung geht es bei echter Priesterschaft.

14. Wir können uns unsere Brüder nicht aussuchen

Ich war einmal in einem Gottesdienst, in dem der Pastor gegen das Rauchen gepredigt hat. Am Schluß bat er alle diejenigen, die das Rauchen aufgeben wollten, ihre Zigaretten nach vorn zu bringen.
Es war ergreifend zu beobachten, wie die Leute ihre Zigaretten, ihre Streichholzschachteln und ihre Zigarettenanzünder nach vorn brachten und auf den Fußboden warfen, damit jeder auf ihnen herumtrampeln und über sie hinweggehen konnte. Mich machte es besonders froh, daß dort so viele junge Menschen zu sehen waren. Was für ein Zeugnis!
Trotzdem glaube ich manchmal, daß wir uns über die Mücke hermachen, dem Elefanten aber nichts antun. Es gibt dringlichere Ermahnungen als: »Du sollst nicht rauchen!«
Wir sollten uns einmal das Hohepriesterliche Gebet in Johannes 17, 20–23 ansehen:
»Ich bitte aber nicht allein für sie, sondern auch für die, die durch ihr Wort an mich glauben werden, auf daß sie alle eins seien, gleichwie du, Vater, in mir und ich in dir; daß auch sie in uns seien, damit die Welt glaube, du habest mich gesandt. Und ich habe ihnen gegeben die Herrlichkeit, die du mir gegeben hast, daß sie eins seien, gleichwie wir eins sind, ich in ihnen und du in mir, auf daß sie vollkommen eins seien und die Welt erkenne, daß du mich gesandt hast und liebst sie, gleichwie du mich liebst.«
Hast du nach diesem Text noch irgendeinen Zweifel, daß die Kirche – die Gemeinde – nach den Aussagen der Bibel eins sein soll? Die Bibel ist in ihrer Aussage darüber absolut eindeutig. Die Kirche soll eins sein – sie soll weltweit eine Einheit bilden.
Aber diese Einheit ist nicht vorhanden. Sieh dich bloß

einmal in deinem Stadtteil um. Wie viele Kirchen und Gemeinden gibt es dort.
Jedes dieser Kirchen- oder Gemeindegebäude klagt gewissermaßen: »Wir sind getrennt.« Es wäre schon ein Fortschritt, wenn die verschiedenen Kirchengemeinden eines Stadtteils wenigstens alle dasselbe Gebäude, natürlich zu verschiedenen Zeiten, benutzen würden. Jede Gemeinde könnte dann ihr eigenes Plakat während der Veranstaltung draußen anbringen. Aber mit dieser Lösung wären wir bestimmt auch nicht glücklich.
Unsere Gleichgültigkeit in diesem Punkt beruht darauf, daß wir für den Begriff Sünde einen eigenartigen Maßstab haben. Wenn wir an Sünde denken, dann meinen wir Mord, Diebstahl, Ehebruch oder Lüge. Wir sind entsetzt, wenn jemand z.B. Ehebruch begeht. Wir sind sogar bestürzt, wenn jemand Zigaretten raucht! Wir verdammen die Sünden des Fleisches, während wir die Sünden des Geistes ignorieren. Es ist an der Zeit, daß wir aufwachen und merken, daß unsere Trennung von Gottes Standpunkt aus konkrete Sünde ist.
Jesu Gebet ist niedergeschrieben worden, damit wir sein Anliegen erfahren. Wir sind nun verantwortlich zu machen, wenn es nicht beantwortet wird. Es wurde aufgeschrieben, damit wir es in uns aufnehmen und danach handeln. Es ist, als habe Jesus dieses Gebet laut in unsere Zeit hineingesprochen. Er möchte, daß wir es ernstnehmen.
Wenn meine Kinder etwas von mir wollen, versuchen sie, mich auszutricksen, indem sie laut beten: »Herr, rühre das Herz von Daddy an, damit er mit uns nach Disneyland fährt.« Sie wollen, daß ich ihr Gebet höre, weil sie möchten, daß ich es beantworte.
Jesus hat dieses Gebet laut gebetet, damit es in den Bibeln in den vielen unterschiedlichen Übersetzungen und Sprachen zu lesen ist. Es steht in jeder Bibel – in denen mit Reißverschluß und auch in denen ohne. Jesus hat es deshalb so laut und vernehmlich gesagt, damit jeder sein größtes und

tiefstes Verlangen verstehen kann. Jesus hat dieses Gebet unmittelbar vor Beginn seines Leidensweges gesprochen. Es waren ganz wichtige Gedanken, die ihn dabei beschäftigten. Deshalb ist es auch so wichtig, daß wir uns damit beschäftigen.

Wir nennen uns Christen, weil Christus das Zentrum unserer Botschaft, das Zentrum unseres Lebens und auch das Zentrum unseres Kirchensystems ist. Christus ist das Zentrum von allem. Deshalb haben wir auch überall Kreuze angebracht – an und in unseren Gebäuden, und in vielen Fällen tragen wir auch ein Kreuz als Halskette. Wir predigen Christus, wir beten zu Christus, wir loben Christus, wir sprechen über Christus.

Wir hatten an unserer Bibelschule eine großartige Bibelauslegerin. Sie lehrte uns nicht nur den Buchstaben, sondern sie erfüllte auch das Gelehrte mit Leben. Ich erinnere mich genau, wie es war, als wir zum 17. Kapitel des Johannesevangeliums kamen. Damals sagte sie: »Dies ist das Gebet Jesu. Wir wollen dieses Kapitel auf den Knien lesen.« Und wir taten auch diesen außergewöhnlichen Schritt.

Wie kommt es, daß wir so wenig dazutun, damit dieses Verlangen und dieser Wunsch Jesu erfüllt wird, wo wir ihn doch so innig lieben und so viel über ihn predigen. Wie kommt es, daß wir nicht nach seinen Worten handeln, damit seine Freude vollkommen wird?

Die Pastoren, Prediger und andern kirchlichen Mitarbeiter sind vor allem für diese Frage verantwortlich, weil sie der Gemeinde die wichtigsten Impulse geben. Hauptsächlich wir müssen dem Gebet Jesu besondere Aufmerksamkeit schenken. Als ich vor Jahren ordiniert wurde, wurde mir – obwohl ich in eine Denomination hineinordiniert wurde – gesagt, daß ich zuallererst als ein Diener des Herrn Jesus Christus ordiniert würde. So besteht also meine Untertanenpflicht, meine Loyalität, meine Verpflichtung zuerst Jesus Christus und erst dann meiner Denomination gegenüber.

Die Gemeinde ist eine universale Einheit. Es gibt nur die eine Gemeinde in der ganzen Welt, aber diese eine Gemeinde findet an jedem Ort der Welt jeweils ihren Ausdruck. Die Gemeinde in Dallas ist mit ihren Gliedern ein Teil dieser einen universalen Gemeinde, der zufällig in Dallas lebt. Die Gemeinde in Buffalo mit ihren Gliedern ist der Teil der universalen Gemeinde, der zufällig in Buffalo lebt.

Deshalb spricht die Bibel auch von der Gemeinde in Korinth, der Gemeinde in Antiochien usw.

Die Bibel spricht von zwei Dimensionen der Gemeinde – von der universalen Gemeinde und von der Ortsgemeinde. Das Problem heute ist, daß wir noch eine dritte Dimension der Gemeinde haben. Sie ist weder universal noch lokal. Ich meine die Denomination.

Das führt zu großen Problemen, weil es in der Bibel keine Anhaltspunkte für die Schaffung einer Denomination gibt. Wir können das Neue Testament von vorn bis hinten lesen, wir werden nichts darüber finden.

Was sollen wir aber mit unseren Denominationen machen? Wir können sie nicht auflösen, weil sie zu etwas langsam Gewachsenem geworden sind. Außerdem sind diejenigen, die die Vision von der Gemeinde haben, wie sie Jesus gemeint hat, gewöhnlich nicht in der Position, daß sie das System ändern könnten. So ist das Beste in dieser Situation, daß wir als Gemeinde einfach so leben, als ob unsere Denominationen nicht existieren. Denn das eigentliche Problem ist nicht die Denomination an sich.

Wenn wir das glauben, machen wir uns etwas vor. Wir selbst sind das eigentliche Problem! Die Denomination schafft nur die Voraussetzung für unsere menschlichen Schwächen. Es kommt zu Spaltungen. Unser Fleisch liebt das, und die Spaltungen sind ein Ausdruck unseres Stolzes, unserer Eifersucht und unseres Neides.

»Die andern haben eine neue Pfeifenorgel«, sagt die zweitgrößte Gemeinde der Stadt. »Wir müssen auch eine neue haben, aber eine noch größere.«

»Die andere Gemeinde erreicht zwar viele Menschen«, sagt die kleinere Kirchgemeinde, »aber sie sind ja auch nicht heilig. Wir mögen zwar wenige sein, aber wir sind wenigstens heilig.«

Es gibt ja sogar in derselben Gemeinde Zwietracht. Da gibt es Rivalitäten unter den Diakonen und Ältesten. Das Problem ist immer unser Fleisch, nicht das System. Das System ist nur einer der vielen Wege, die das Fleisch sucht, um seine Zerrissenheit zum Ausdruck zu bringen.

Die meisten Denominationen haben die gleiche Entstehungsgeschichte: In einer Gemeinde schimpft eine Gruppe auf eine andere. Die andere Gruppe kläfft zurück. Es gehören ja immer zwei zum Streiten. Oder es entsteht ein Streit in einer bestimmten Lehrfrage. Man kann sich nicht einigen, und die Folge ist eine Spaltung. Neue Denominationen sind meistens die Folge einer solchen Spaltung.

Martin Luther hat den Papst als den Antichristen und die katholische Kirche als die große Hure aus dem Buch der Offenbarung bezeichnet. Kein Wunder, daß er exkommuniziert wurde! Wir würden heute schon für viel geringfügigere Äußerungen aus unseren Denominationen ausgeschlossen werden.

Und so trennten sich die Protestanten von den Katholiken. Dann spalteten sie sich untereinander noch viele Male. Die Folge sind Hunderte von Denominationen.

Ich liebe Martin Luther, und ich bin davon überzeugt, daß er in der Geschichte der Kirche eine sehr wichtige Rolle gespielt hat; aber das macht noch nicht alles richtig, was er getan hat. Sein Werk ist eine Mischung von Fleisch und Geist, so wie es bei uns allen der Fall ist. Und diese Tatsache ist auch die Ursache unserer Probleme. Spaltungen sind ein Werk des Fleisches.

Es liegt im Wesen der Gemeinde, daß sie eins ist. Es kann gar nicht anders sein, weil sie die Gemeinde Gottes ist, und Gott ist eins. Obwohl es den Vater, den Sohn und den Heiligen Geist gibt, ist Gott eins. Dieses Einssein entspricht dem Wesen Gottes.

Als Mose berufen wurde, um die Kinder Israel aus Ägypten zu führen, sprach Gott zu ihm auf dem Berge aus dem brennenden Dornbusch. Er rief seinen Namen: »Mose!«
»Wer bist du?« fragte Mose. »Nenne mir deinen Namen.«
»Meinen Namen?« antwortete Gott. Er dachte bei sich selbst: »Armer Mose. Er ist an so viele Götter gewöhnt, daß er meint, ich sei einer dieser Götter. Deshalb möchte er, daß ich meinen Namen nenne, um mich zu identifizieren.«
»Mose«, sagte er. »Ich habe keinen Namen.«
»Wieso?«
»Weil es außer mir keinen Gott gibt.«
Wir Menschen brauchen einen Namen, um eine Person von der andern zu unterscheiden, weil wir viele sind. Eva mußte den Namen »Eva« bekommen, weil es schon einen Adam gab. Wäre Adam allein geblieben, hätte er keinen Namen gebraucht.
»Bitte, Gott, nenn mir deinen Namen.«
»Mose, ich sage dir doch, ich habe keinen Namen.«
»Aber ich muß einen Namen vorweisen!«
»Gut, dann sage dem Volk ›Ich bin‹ hat mich gesandt.«
»Ich bin was?«
»Nein. Nein. Nur ›Ich bin‹. ›Ich bin‹ reicht aus. Es gibt keinen andern neben mir.«
»Aber du kannst doch nicht ...«
»Mose, ich bin, der ich bin. Gehe hin und sage ihnen: ›Ich bin‹ hat mich gesandt.«
»Was für ein komischer Name.«
Das erste, was mich die Leute immer fragen, ist: »Bruder Ortiz, von welcher Gemeinde kommen Sie?« Ich sage ihnen dann, daß ich von *der* Gemeinde komme.
»Von welcher Gemeinde?«
»Von *der* Gemeinde. Punkt.«
»Von der Punkt-Gemeinde?«

»Nein. Nein. Punkt ist nicht der Name der Gemeinde. Ich meine *die* Gemeinde.«
Schau in der Bibel nach und sage mir, ob du einen Namen für die Kirche oder die Gemeinde findest. Es heißt nur die Kirche, gemeint ist die Gemeinde Gottes. Die Gemeinde bedeutet die »Herausgerufenen« Gottes. Sie setzt sich aus allen zusammen, die herausgerufen worden sind aus dem Reich der Finsternis in das Reich Gottes.
Bist du herausgerufen? Dann gehörst du zu derselben Kirche, zu der ich gehöre. Von Natur aus ist die Kirche – die Gemeinde – eins, weil wir alle Herausgerufene und in das Reich Gottes Hineingerufene sind.
Wir sollten nicht von einer geteilten Gemeinde sprechen. Du kannst die Zahl zehn in zehn einzelne Teile teilen, oder in zwei Fünfergruppen oder in fünf Zweiergruppen. Du kannst eine Gruppe von fünf in fünf einzelne Teile aufteilen, oder in zwei Gruppen zu drei und in eine zu zwei. Du kannst eine Gruppe von zwei in zwei Teile aufteilen. Aber du kannst nicht eine Eins dividieren. Die Gemeinde ist eins, und sie kann nicht geteilt werden. Du kannst sie nur auseinanderbrechen.
Wenn man dir ein Bein amputiert, dann sagst du nicht: »Sie haben meinen Körper geteilt.« Du sagst: »Sie haben mir eins meiner Beine abgetrennt.«
So ist auch die Gemeinde nicht aufgeteilt; sie ist in Stücke zerbrochen. Und es ist unsere Aufgabe, die zerbrochenen Stücke wieder zusammenzufügen und zu versuchen, den Leib zu heilen, damit er wieder als ein Ganzes funktionieren kann.
In den Tagen des Königs Salomo lebten zwei Frauen zusammen, die beide zur gleichen Zeit ein Kind zur Welt gebracht hatten. Sie schliefen mit ihren Babys im Bett, und die eine Frau erdrückte dabei ihr Baby im Schlaf. Während nun die andere Frau noch schlief, vertauschte die Frau mit dem toten Baby die beiden Kinder und legte das tote Kind in das Bett der noch schlafenden Mutter.

Erst am nächsten Morgen entdeckte die Frau das tote Baby und erkannte sofort, daß es nicht ihr Baby war. Da es nun keinen Zeugen für das Vertauschen gab, entstand zwischen den beiden Frauen ein Rechtsstreit. Jede behauptete, das lebende Baby sei das ihre. So brachten sie den Fall vor Salomo, damit er über die Angelegenheit richte.

»Wir beide beanspruchen dasselbe Baby«, sagten sie zu Salomo. »Und es gibt keinen Zeugen, deshalb wissen wir nicht, wie wir uns einigen sollen.«

Salomo antwortete: »Das ist lächerlich. Teilt das Baby einfach in zwei Teile, wenn ihr beide behauptet, es sei euer Kind. Bringt mir das Baby und ein Schwert, und wir wollen es sofort teilen, damit jede die Hälfte bekommt.«

Da schrie die richtige Mutter: »Nein, teile es nicht. Gib es lieber der andern Frau ganz.«

Die andere Frau dagegen sagte: »Ja, teile es.«

Wir stehen in der Gemeinde heute vor demselben Problem. Einige sagen: »Teile«, bei Streitfragen, bei denen sich zwei Parteien nicht einigen können. Andere sagen: »Nein, bloß nicht«, denn sie begreifen, daß der Leib Christi nicht zerteilt werden kann, ohne daß er vernichtet wird.

Die Not in der Gemeinde heute ist, daß wir den Blick dafür verloren haben, daß diese Welt durch das Evangelium erobert werden soll.

Die Urgemeinde fing von vorne an. Sie war anfangs sehr klein, aber sie hatte eine große Ausstrahlungskraft. Wohin die ersten Christen auch immer kamen, überall hatten sie das eine Anliegen, die ganze Welt unter die Herrschaft Christi zu bringen. Sie predigten das Evangelium von Jesus Christus, nicht nur eine systematische Theologie.

Das Ziel der Urgemeinde war nicht eine größere Kirche, um sagen zu können: »Unsere ist größer als eure.« Es ging ihr nicht darum, unterschiedliche Denominationen zu gründen, die auf bestimmten Lehrmeinungen basieren, und die dann »Methodisten« oder »Baptisten« genannt werden. Nein, ihr einziges Ziel war das Königreich unter der Herrschaft Jesu

Christi auszubreiten. Die Urgemeinde war eine Einheit, weil sie Jesus Christus zum Mittelpunkt hatte.
Heute steht die christliche Gemeinde nicht mehr ausschließlich unter Christus, sondern unter anderen Bannern. Deshalb haben wir eine zerbrochene Kirche, sie ist zerbrochen in Hunderte von Denominationen. Bei Jesus Christus aber gibt es nicht viele Kirchen. Die Kirche – die Gemeinde – ist die Braut Christi, und Christus ist nicht polygam. Er wird nur eine Gemeinde als seine Braut heimführen.
Frage mich deshalb nicht, zu welcher Gemeinde ich gehöre. Es gibt nur *die* Gemeinde. Wenn du aber betonst, »Baptist«, »Methodist« oder »Lutheraner« zu sein... dann sei vorsichtig. Solche Vokabeln sind schlechte Worte im Reich Gottes. Wiederhole sie nicht zu oft, weil Jesus dir sonst den Mund verschließen könnte, wenn du solche Dinge überbetonst.

Wir können uns unsere Brüder nicht aussuchen. Alle Kinder Gottes in einem bestimmten geographischen Gebiet gehören immer zu derselben Gemeinde, ob sie es wollen oder nicht. Wir dürfen einfach nicht sagen: »Du bist mein Bruder, aber du nicht.« Wer kann sich denn seine Brüder in der Familie aussuchen?
Wir waren fünf Brüder zu Hause in meiner Familie. Ich wurde zufällig als letzter geboren; die andern lebten schon, als ich geboren wurde. Ich habe mir meine Brüder nicht aussuchen können, und sie haben mich nicht ausgesucht. Als ich geboren wurde, war es eine unumstößliche Tatsache, daß sie meine Brüder waren.
Sind wir dafür verantwortlich, daß wir Brüder sind? Wir haben doch nichts dazugetan, rein gar nichts. Die »Schuldigen« waren Mama und Papa. Ich habe nur den Tatbestand zu akzeptieren.
Genauso ist es in der geistlichen Familie Gottes. Du kannst dir deine Brüder und Schwestern nicht herauspik-

ken. Du kannst dir zwar deine Freunde selbst aussuchen, aber nicht deine Brüder.

Die Kirche – die Gemeinde – setzt sich aus den Menschen zusammen, die Jesus Christus in sich haben. Ob es nun Anglikaner, Lutheraner oder Katholiken sind – wenn sie Jesus Christus haben, besitzen sie Anteil am Reich Gottes. Sie gehören zu der Familie Gottes; nicht aufgrund philosophischer Annäherung, sondern aufgrund des Lebens, das sie in sich haben.

Jesus hat gesagt: »Ich bin der Weg, die Wahrheit und das Leben.« Unser Religionssystem sagt uns, daß wir nur glauben müssen, daß Jesus der Weg ist, dann sei alles okay.

Aber das ist nicht okay.

Jesus ist nicht nur deshalb der Weg, damit wir glauben, daß er der Weg ist.

Er ist der Weg, weil wir auf diesem Wege gehen sollen. Er ist nicht deshalb die Wahrheit, damit wir nur glauben, daß er die Wahrheit ist, sondern damit wir ihm vertrauen. Und er ist nicht deshalb das Leben, damit wir das glauben, sondern damit wir dieses Leben wirklich führen. Es geht nicht nur um eine Lehre oder um ein Konzept. Es geht um die Realität.

Die Christen der Urgemeinde wurden als diejenigen bezeichnet, die »auf dem Wege« sind. Ist nun die anglikanische Kirche der Weg? Oder sind die Methodisten oder die Baptisten der Weg? Nein, der Weg ist Jesus Christus. Es ist nicht entscheidend, ob du Mitglied einer bestimmten Denomination bist. »Auf dem Wege sein« bedeutet, den zu haben, der »der Weg« ist.

Wenn du in Jesus Christus bist, dann bist du auf demselben Wege wie ich. Wenn du den Sohn in dir hast, dann hast du Anteil an dem Leben Gottes.

Es ist nicht entscheidend, ob du an das Tausendjährige Reich glaubst oder nicht; ob du an die Wiederkunft vor oder nach der Großen Trübsal glaubst. Diese Dinge spalten heute das Volk Gottes. Sie haben aber keinen Wert für das Leben. Sie sind nur ein intellektueller Zugang zu der

Philosophie der Bibel. Sie mögen interessant sein, aber sie haben nichts mit der Frage zu tun, ob wir Brüder sind oder nicht.

Die Kirche neigt dazu, sich zu einem christlichen Klub zu degradieren. Ein Klub ist nur eine Institution, in der alle Mitglieder hinsichtlich bestimmter Prinzipien übereinstimmen.

Wenn wir einen neuen Klub gründen wollen, vielleicht einen Nichtraucher- und Abstinenzlerklub, dann doch deshalb, weil alle, die dazugehören, in dem Grundsatz des Nichtrauchens oder Nichttrinkens übereinstimmen. Das Nichtrauchen und das Nichttrinken ist das, was die Mitglieder eint.

Wenn wir einen Klub für ledige Männer gründen, dann sind eben alle Mitglieder ledig. Wenn einer davon heiratet, dann muß er die Mitgliedschaft aufgeben.

Wenn wir uns als Christen nur um Prinzipien oder Lehrmeinungen scharen, dann sind wir nicht mehr als ein Klub; aber wenn wir uns um eine lebendige Person, deren Namen Jesus ist, versammeln, dann sind wir eine wahre Kirche, eine wahre Gemeinde.

In Argentinien gibt es zwei große rivalisierende Fußballklubs, die sehr feindlich gegeneinander eingestellt sind. Die Leute strömen aus dem ganzen Land zusammen, um das Duell der beiden zu erleben. Ich bin auch einmal dort gewesen, aber ich würde es nicht noch einmal machen, denn ich wäre in dem Tumult beinah getötet worden.

Wenn wir uns bekehren, werden wir z. B. Baptisten oder Methodisten. Wir sind nun Rivalen. Es ist jetzt wie bei zwei rivalisierenden Klubs. Vorher haben wir vielleicht für unsere Politik oder für unseren Fußballklub gekämpft. Jetzt kämpfen wir für unsere unterschiedlichen Lehrmeinungen. Im Grunde genommen bewegen wir uns aber noch auf derselben Ebene. Unser Fleisch hat nur neue Kanäle gefunden, um sich zu manifestieren.

Ich gehörte zu einer Kirche, in der kniend gebetet wurde. Wir haben nie im Stehen oder Sitzen gebetet. Dann haben wir einmal eine andere Kirche besucht, in der die Leute zum Gebet aufgestanden sind. Wir waren schockiert. »Schau dir das an! Das können doch keine Christen sein, die beten im Stehen!«

Viele Streitereien geschehen, weil wir uns um Lehrmeinungen und Konzepte drehen statt um das Leben.

Ich bin dein Bruder, weil ich denselben Vater habe. Ich bin dein Bruder, auch wenn du manches nicht magst, was ich sage. Es tut mir leid, aber es ist trotzdem so. Ich bin dein Bruder, ob du diese Tatsache akzeptierst oder nicht. Das hängt nicht von deinem Einverständnis ab. Es wäre aber besser, du würdest es schon heute akzeptieren, weil es sein könnte, daß schon morgen unser Herr wiederkommt und dir dann im Himmel unmittelbar neben der meinen eine Wohnung zuweist!

Wer weiß, wer im himmlischen »Holiday Inn« neben dir wohnt? Der Pfingstler vielleicht neben dem Lutheraner! Wir sollten uns lieber schon jetzt bekannt machen, und wir sollten uns lieber schon jetzt akzeptieren, ungeachtet unserer lehrmäßigen Unterschiede. Jesus hat wenig Freude an unseren dogmatischen Spaltungen.

Jesus gebietet uns, unseren gegenseitigen Haß auszuräumen und zu bereuen. Wenn er in uns lebt, und wenn wir vom Heiligen Geist geführt werden, dann nehmen wir uns zwangsläufig als Glieder an seinem Leibe an, und das nicht aufgrund unserer unterschiedlichen Dogmatik, sondern einfach, weil er uns angenommen hat. Wir werden dann eine Gemeinde sein, weil wir alle ein gemeinsames Leben teilen – nämlich das Leben Christi in uns.

15. Zwei Arten von Weisheit

Bist du davon überzeugt, daß Spaltungen nicht dem Willen Gottes entsprechen?
Natürlich bist du das, denn die Bibel ist ja auch in diesem Punkt sehr unmißverständlich. Und wenn sie nicht dem Willen Gottes entsprechen, dann sind sie doch Sünde. Warum verfahren wir dann mit der Sünde der Uneinigkeit nicht genauso, wie wir mit anderen Sünden verfahren?
In manchen Gemeinden kann man das Gerede hören: »Dieser Bruder sieht die Dinge nicht so wie wir, er ist ein Ketzer. Wenn er nicht von alleine geht, werden wir ihn rausschmeißen.« Man erwartet also, daß jeder so glaubt, wie es in der Gemeinde üblich ist.
Dabei müßte es gerade umgekehrt sein: Diejenigen, welche die Uneinigkeit forcieren – die nicht um Einigkeit bemüht sind – sollten ausgeschlossen werden. Paulus und die anderen Schreiber des Neuen Testaments gehen mit der Sünde der Spaltung viel schärfer ins Gericht, als sie es mit jeder anderen Form der Sünde tun.
Wir nehmen die Sünden des Fleisches sehr ernst. Aber wenn es um Spaltungen in den Kirchen und Gemeinden geht, dann wird mir gesagt: »Bruder Ortiz, du bist nicht gescheit. Das ist abwegig. Du bist zu idealistisch. Wir sind unser Leben lang getrennt gewesen, und jetzt sagst du uns, daß wir umdenken sollen?«
Wir haben uns so an die Spaltungen und an die Trennung gewöhnt, daß wir sie gar nicht mehr als ein ernstes Problem sehen.
In den himmlischen Büchern ist nicht der Name deiner Denomination aufgeschrieben, dort steht nur dein menschlicher Name.
Dort gibt es kein separates Buch für die Baptisten und ein

anderes für die Methodisten. Es tut mir leid, aber ich muß dir sagen, daß dort alle Namen vermischt sind . . . du wärst vielleicht ziemlich schockiert, wenn du wüßtest, wessen Name gleich neben deinem steht! Gott könnte Katholiken neben Pfingstler und Baptisten neben Methodisten schreiben! Ich würde gern einmal in das Buch hineinschauen, um zu sehen, welcher Name neben meinem und deinem geschrieben steht. Die Namen stehen nur in der Reihenfolge des Hinzukommens zur universalen Gemeinde und nicht nach Denominationen getrennt. Wer weiß, wessen Name neben deinem stehen wird?

Das Schlimme ist, daß wir uns so stark um Lehrfragen drehen, daß wir gar nicht darüber hinausschauen können. Wenn Jesus wirklich die Mitte unserer Kirchen und Gemeinden wäre, dann würde es uns nur um das Leben gehen. Statt dessen drehen wir uns nur um Konzepte.

So kommt es dazu, daß wir die Spaltungen sogar entschuldigen, indem wir sagen: »Irgendwo muß es doch eine Grenze geben.«

In der Liebe gibt es keine Furcht. Wenn wir wirklich Liebe haben, dann brauchen wir keine Angst vor dogmatischen Differenzen zu haben, weil unser Schwergewicht nicht auf der Dogmatik liegt.

»So sehr hat Gott die Welt geliebt.« Es geht nicht um baptistische oder presbyterianische Dogmatik. Nein, es geht um »die Welt« mit all ihren irrigen Konzepten und furchtbaren Sünden. Gott hat die Welt nicht geliebt, weil sie so »richtig« war, sondern weil sie in einem verlorenen Zustand war. Jesus ist in eine gespaltene, verworrene, sündige Welt gekommen, und er hat sie geliebt.

Viele Leute sind fest davon überzeugt, daß sie die richtige Dogmatik haben. Dabei sind sie entweder naiv oder unehrlich. Denn wie kann man sicher sein, daß man die richtige Lehrmeinung hat, bevor man nicht auf den Seminaren der anderen Denominationen gewesen ist?

Nehmen wir an, du bist Presbyterianer. Wie kannst du sicher sein, daß deine Lehrmeinung die richtige ist, bevor du nicht in den Hunderten anderer Kirchenseminare gewesen bist?
Um ehrlich sagen zu können, daß deine Lehrmeinung die wirklich richtige ist, müßtest du doch alle andern erst besuchen und sorgfältig prüfen. Es reicht nicht aus, aus zweiter Hand zu hören, was sie lehren. Du mußt an ihren Seminaren studieren, bevor du sicher sein kannst.
Du mußt hingehen zu den Katholiken, den Lutheranern, zur schottischen Staatskirche, zur Heilsarmee, zu den Baptisten und Methodisten, zu den Nazarenern . . . und wenn du mit dem Studieren fertig bist, dann kannst du – wenn du nicht vorher verrückt geworden bist – entscheiden, welche Konfession die richtige ist.
Bevor du diese Prüfung nicht durchgeführt hast, ist es der Gipfel der Arroganz zu glauben, daß gerade du die richtige Lehre hast – Arroganz aber führt zur Spaltung.
Nach meiner Beobachtung wird die Bibel in unseren Seminaren nicht so uneigennützig gelehrt, wie es immer behauptet wird. Ich war selbst Lehrer an unserem Seminar, und ich muß zugeben, daß ich die Lehrmeinungen unserer Denomination gelehrt habe und die Bibel nur dazu benutzt habe, um die Lehrmeinungen zu »beweisen«.
Wenn man in eine Bibelschule der Pfingstler geht, dann wird dort die pfingstliche Doktrin gelehrt und zur Untermauerung wird die Bibel benutzt. Geht man in ein Seminar der Baptisten, was wird einem dann beigebracht? Die Doktrin der Baptisten. Und was wird benutzt, um die Lehre zu »beweisen«? Natürlich die Bibel. Wenn man in ein Seminar der Presbyterianer geht, wird man dieselbe Situation vorfinden.
Von den ersten Christen können wir eine enorm wichtige Lektion lernen. Die Urgemeinde bestand aus zwei Gemeinden – nämlich aus der Gemeinde in Antiochien und der Gemeinde in Jerusalem. Ihre Doktrin war unterschiedlich,

weil die Gemeinde in Jerusalem aus Juden bestand und die Gemeinde in Antiochien weitgehend aus Heiden.
Die Gemeinde in Jerusalem praktizierte die Beschneidung, hielt das Gesetz Moses, hatte die Anbetung im Tempel, und pflegte die Feste Israels und lebte nach den Sitten und Gebräuchen der alttestamentlichen Kultur. Sie opferten sogar im Tempel! Es ging so weit, daß Paulus sich den Kopf kahlscheren ließ, als er Jerusalem besuchte, und daß er im Tempel opferte wie alle anderen Juden auch.
Der einzige Unterschied zwischen den Juden der Urgemeinde und den anderen Juden war der, daß die Apostel und ihre Jünger Jesus Christus als ihren Herrn angenommen hatten. Und das allein war ihre Rettung und ihr Heil. Sie waren einerseits korrekte Juden, glaubten allerdings andererseits an Jesus Christus.
Die Gemeinde in Antiochien war eine ganz andere Gemeinde. Da sie sich aus Heidenchristen zusammensetzte, hatte niemand eine Ahnung, wer Mose war. Sie wußten nichts vom Gesetz oder von der Beschneidung. Paulus hatte ihnen Christus verkündigt und nicht die jüdische Religion.
Paulus ging nach seiner Bekehrung in die Wüste. Er hatte nicht sofort angefangen, den Heiden das Evangelium zu predigen, nachdem er gläubig geworden war. Für eine nur kurze Zeit bezeugte er den Juden, daß Jesus der Christus ist, aber dann ging er an einen einsamen Platz.
Über vielen Jahren seines Lebens liegt ein Schleier. Wir wissen nicht, was in dieser Zeit mit Paulus vorgegangen ist. Er lebte allein, möglicherweise zehn Jahre lang. Während dieser Zeit hat Gott an ihm gearbeitet. Als er wieder auftauchte, hatte er die Gewißheit, daß die Heiden voll und ganz erlöst werden können, ohne das jüdische Gesetz zu übernehmen.
So ging er zu ihnen und predigte ihnen Christus. Das reichte völlig aus, und sie wurden erlöst, weil sie an Christus als ihren Erlöser glaubten und er der Mittelpunkt ihres Lebens wurde.

Christus war der Grund ihrer Erlösung, nicht Christus plus Beschneidung oder Einhaltung eines anderen Gesetzes. Es ging nur um Christus allein.
Probleme gab es in dem Augenblick, als einige Juden die Gemeinden der Heidenchristen besuchten. Die jüdischen Brüder waren nun der Meinung, daß diese Leute, falls sie wirklich den Heiligen Geist empfangen hatten, sich selbstverständlich beschneiden lassen und dem Gesetz gehorchen mußten. Sie gingen einfach davon aus, daß Paulus ihnen alles, was von Mose überliefert worden ist, zur Erfüllung aufgetragen hatte.

Stell dir einmal vor, was passiert wäre, wenn Paulus zu den Heiden gegangen wäre und sie erst zu Juden hätte machen sollen, bevor sie Christus hätten annehmen können. Das wäre eine Aufgabe gewesen! Die Heiden hätten – für sie völlig ungewohnt – den Sabbath einhalten oder völlig fremde Eßgewohnheiten übernehmen müssen.

Als eine Gruppe von Judenchristen in Antiochien ankam, um die Gemeinde zu besuchen, entdeckte sie bei ihr denselben Geist. Sie empfanden dieselbe Liebe und Freude und denselben Frieden – ihr Leben aus Gott war identisch. Die Heidenchristen in Antiochien empfingen die Besucher aus Jerusalem und feierten einen großen Gottesdienst des Lobpreises. Sie priesen den Herrn und sangen in demselben Geist, prophezeiten und sprachen in Zungen. Es war herrlich für Juden und Heiden gleichermaßen!
Nach dem Gottesdienst sagte der Leiter der Gemeinde Antiochiens: »Wir können doch unsere Brüder aus Jerusalem nicht im Hotel wohnen lassen. Wir haben so schöne Häuser, in die wir sie aufnehmen können.«
So wurden die Judenchristen in die Häuser der Heidenchristen aufgenommen. Am nächsten Morgen fragten die Heidenchristen ihre jüdischen Gäste: »Ihr lieben Brüder, was

möchtet ihr denn gern essen? Hättet ihr gern Schinken mit Eiern?«
»Wie bitte?«
»Oder vielleicht zieht ihr Speck vor?«
»Was???«
»Ja, Schinken mit Eiern oder Speck mit Eiern?«
»Aber das ist doch unrein!«
»Wieso, wir sind ganz saubere Leute. Kommt in die Küche und überzeugt euch selbst.«
»Nein, nein. Wir meinen nur, daß uns der Genuß von Schinken durch Mose verboten worden ist. Er hat uns gesagt, daß wir kein Schweinefleisch, keinen Schinken oder keinen Speck essen dürfen. Das ist unrein.«
»Mose? Wer ist Mose? Ist das ein Mitarbeiter aus eurer Gemeinde? Den Prediger kennen wir nicht.«
»Erzählt uns doch nicht, daß ihr nicht wißt, wer Mose ist! Ihr seid doch beschnitten?«
»Beschneidung! Was ist das, Beschneidung?«
»Was, ihr wißt nicht, was Beschneidung ist?«
»Wir haben noch nie etwas von Beschneidung gehört. Aber wenn ihr das zum Frühstück haben möchtet, können wir zum Supermarkt gehen und sehen, ob sie es vorrätig haben.«
»Ach du liebe Zeit, Beschneidung ist nichts, was man zum Frühstück essen kann! Beschneidung ist etwas, was Mose uns gelehrt hat. Abraham hat seinen Sohn Isaak beschnitten, und Mose hat die Beschneidung zu einem zentralen Punkt des Gesetzes gemacht.«
»Abraham? Ihr seid glücklich dran in Jerusalem; bei euch gibt es viele Prediger! Bei uns ist Abraham noch nie gewesen!«

In Antiochien entstand ein großes Durcheinander! Die Verwirrung war so groß, daß man sich zu einem Apostelkonzil in Jerusalem entschloß, damit über dieses Thema grundsätzlich gesprochen wird. Paulus und verschiedene andere Mitarbeiter mußten den weiten Weg von Kleinasien nach Jerusalem zurücklegen, um an dem Konzil teilnehmen zu können.

Wir haben heute ein ähnliches Problem. Mich haben schon Leute gefragt, ob Katholiken tatsächlich den Heiligen Geist empfangen können?
»Ja«, habe ich gesagt, »viele haben sich für den Heiligen Geist geöffnet.«
»Das ist ja wunderbar. Dann verehren diese Katholiken also nicht mehr die Jungfrau Maria und den Papst.«
»Viele von ihnen verehren trotzdem und unverändert die Jungfrau und den Papst.«
»Dann können sie aber unmöglich den Heiligen Geist haben.«
»Gott schaut ihr Herz an – und nicht du oder ich.«
Es gibt Dinge, die wesentlich sind, und solche, die nicht wesentlich sind. Die Judenchristen aus Jerusalem dachten nun, daß die Heidenchristen sich zum Judentum bekehren, wenn sie den Heiligen Geist bekommen haben. Aber Paulus hatte gelernt, was zählt, und er gab den Heiden nur Christus weiter.
Wir müssen unsere Botschaft von der Erlösung durchleuchten. Wir müssen uns von unseren Lieblingslehren freimachen, wenn wir die Welt für Jesus gewinnen möchten. Wie können wir ungläubige Menschen überzeugen, wenn die verkündigte Botschaft von Kirche zu Kirche unterschiedlich ist?
In der einen Kirche muß man Christus annehmen plus Pfeifenorgel, Gesangbuch, Liturgie und Kirchenvorstand. Gehst du zu einer andern Gemeinde, dann wirst du bestimmte Lehrmeinungen, einen anderen Taufritus und eine andere Gemeindestruktur zu akzeptieren haben.
Wenn du in einer Baptistengemeinde zum Glauben gekommen bist, dann mußt du das demokratische Prinzip akzeptieren. Wenn du in einer Episkopalkirche zum Glauben ge-

kommen bist, wirst du den Bischof akzeptieren müssen. Wenn du in der Jüngerbewegung gerettet wurdest, mußt du Autorität und Gehorsam akzeptieren. In jeder Gruppe oder Gemeinde mußt du Christus plus ein bestimmtes Etwas akzeptieren.

Ich glaube, daß das Wesentliche Christus in uns ist. Er ist der einzig Eine, er ist es, der wichtig ist. Christus in uns, das ist unsere einzige Hoffnung.

Eins ist klar: Du und ich, wir können nicht die Kirchen unter einen Hut bringen, aber wir sollten dort, wo es möglich ist, ein steigendes Bewußtsein für unsere unmögliche Situation wecken.

Um ganz konkret zu werden, möchte ich zwei Dinge vorschlagen, die jeder von uns tun kann, um dazu beizutragen, daß unsere Spaltungen abgebaut werden.

Erstens, Jakobus schreibt im dritten Kapitel seines Briefes, Vers 14 bis 18: »Habt ihr aber bittern Neid und Zank in eurem Herzen, so rühmet euch nicht und lüget nicht wider die Wahrheit. Das ist nicht die Weisheit, die von oben herab kommt, sondern sie ist irdisch, menschlich und teuflisch. Denn wo Neid und Zank ist, da ist Unordnung und allerlei böses Ding. Die Weisheit aber von obenher ist aufs erste lauter, danach friedsam, gelinde, läßt sich etwas sagen, voll Barmherzigkeit und guter Früchte, unparteiisch, ohne Heuchelei. Die Frucht aber der Gerechtigkeit wird gesät im Frieden denen, die Frieden halten.«

Es gibt also zwei Arten von Weisheit.

Da ist die Weisheit, die irdisch, ungeistlich, dämonisch ist – die Weisheit, die zwar als »richtig« erscheint, die aber Streit und Spaltung erzeugt.

Dann gibt es die Weisheit, die von Gott kommt – sie ist rein, liebevoll, Frieden schaffend, rücksichtsvoll, besonnen, sich unterordnend, voller Barmherzigkeit, unparteiisch und aufrichtig.

Welche Weisheit verkörperst du? Die, die zu Spaltungen führt oder die, die Frieden schafft?

Ich schlage also vor, daß wir ab sofort nie wieder etwas Negatives gegen eine andere Gruppe sagen. Nie wieder! Sage: »Herr, ich will meinen Mund nicht mehr auftun, um etwas Nachteiliges über eine andere Gemeinde zu sagen.« Wenn wir keine aktive Rolle spielen, um Einheit herbeizuführen, so können wir doch zumindest eine passive Rolle spielen, indem wir unseren Mund halten. Das wird den Frieden fördern.

Zweitens, laßt uns die andern lieben, die nicht so denken wie wir. Wir wissen, daß sie Christus lieben – und darauf kommt es an, nicht darauf, daß sie uns lieben, sondern daß sie Christus lieben. Ich reise nicht um die ganze Welt, um zu erreichen, daß die Menschen mich lieben, sondern ich möchte sie dahin bringen, daß sie den Herrn lieben. Wenn du also ihn liebst, dann bist du mein Bruder, und wir sind eins in Christus.

Laßt uns unsere unterschiedlichen religiösen Denominationen doch so betrachten, als würden sie gar nicht existieren. Wenn du Gelegenheit hast, dann geh zu einer Baptistenversammlung oder zu einer Methodistenversammlung und gehe dorthin, als gäbe es keine Unterschiede. Geh in deine eigene Gemeinde und bleib ihr treu, aber ignoriere die trennenden Elemente. Für dich und mich gibt es sie nicht. Sie sind nur für diejenigen da, die eine falsche Weisheit praktizieren, für uns aber nicht; deshalb können wir sie einfach ignorieren.

Ich war einmal in einer wunderschönen Baptistenkirche. Man sagte dort nicht: »Preis dem Herrn«, aber ich konnte mich an dem wunderbaren Gebäude erfreuen.

Als ich hörte, daß die Katholiken ein neues Gebäude bauen, sagte ich: »Wundervoll, Preis dem Herrn! Jetzt haben *wir* noch ein Gebäude mehr.«

Paulus hat gesagt, daß uns die ganze Welt gehört. Ob es Paulus, Petrus oder Apollos ist – alle gehören sie uns. Suchen wir uns nur Paulus aus, sind wir nur auf eine Person fixiert. Wenn wir uns aber niemand aussuchen, dann haben

wir sie alle. Kannst du das verstehen? Wenn du auswählst und aussuchst, dann hast du eben nur die Presbyterianer oder die Baptisten. Wenn du nicht wählst, gehören sie alle dir. Du kannst von dem reichen Erbe, das in jeder Konfession vorhanden ist, bestimmt etwas lernen. Das Trennende solltest du aber ignorieren.
Aber jetzt wirst du sagen: »Wie kann ich jemand lieben, wenn ich davon überzeugt bin, daß seine Lehre völlig falsch ist?«
Unser Problem ist, daß unser Maßstab für die Annahme des andern falsch ist. Wir haben den Maßstab dieser Welt übernommen. Wir sollten aber den Maßstab haben, den Gott auch bei unserer Annahme benutzt hat.
Hat uns Gott angenommen, weil wir so nett sind, weil wir einen so guten Charakter haben oder weil wir extrovertiert sind? Hat er uns angenommen, weil wir die richtige Lehre haben? Oder hat er uns angenommen, weil wir alle möglichen guten Werke tun?
Nein, er hat uns ausschließlich deshalb angenommen, weil Christus sein Blut für uns vergossen hat.
Wenn wir in den Himmel kommen, dann werden wir nicht singen: »Wir sind hier, weil wir an das Tausendjährige Reich geglaubt haben, und weil wir die richtige Theologie über die Dreieinigkeit hatten.« Nein, es wird heißen: »Wir sind hier, weil des Lammes Blut uns reingewaschen hat.« Er allein wird der Eine sein, den wir verherrlichen, und es wird nicht um Theologie und Lehrmeinungen gehen.
Wir werden in Ewigkeit bei Gott sein, nur weil das Blut Jesu uns erlöst hat und nicht aufgrund der Theologie von Luther, Calvin oder Wesley.
Wenn Gott mich aufgrund des Blutes Jesu angenommen hat, wer bist du dann, daß du mich aus einer völlig anderen Perspektive, nämlich aus der dieser Welt anschauen kannst? Wenn du nur die liebst, die dich lieben und die, die mit dir völlig übereinstimmen, wodurch unterscheidest du dich dann von den Menschen dieser Welt?

Gott liebt mich, weil mir meine Sünden, meine Fehler, meine Irrtümer, mein Versagen vergeben worden sind durch das Blut Jesu. So liebe ich dich, weil dir deine Sünden und deine Schuld ebenso vergeben sind wie mir.
Ich habe einmal eine hervorragende Predigt darüber gehört, daß uns die Gerechtigkeit Gottes wie ein neuer Mantel umkleidet. Ich frage mich, wie es kommt, daß Gott uns nur noch in diesem Mantel sieht, wir aber untereinander nicht. Wenn der Mantel für Gott akzeptabel ist, wieso ist er es dann nicht auch für uns?
Ich sehe dich, wie du mit dem Mantel der Gerechtigkeit Gottes gekleidet bist. Dieser Mantel überdeckt auch das Kleid deiner Denomination. Zieh nur noch Gottes Kleidung an, denn für die Hochzeit des Lammes stellt er Hochzeitskleider zur Verfügung – wir brauchen nicht unsere eigenen mitzubringen. Gott wird nicht fragen: »Wie viele sind von dieser Denomination und wie viele von jener?« Gott hat kein Interesse an unserem konfessionellen Kleid. Er ist nur an dem Kleid interessiert, das er uns gegeben hat.

In einem Gleichnis erzählt Jesus von einem König, der ein großes Fest für die Hochzeit seines Sohnes ausrichten ließ. Doch die, die eingeladen waren, wollten nicht kommen. Da wurde der König ärgerlich und sagte: »Bringt sie alle um!« Dann fuhr er fort: »Das Fest ist vorbereitet. Das Fleisch ist knusprig gebraten. Die Getränke sind kaltgestellt. Geht hin und ladet sie alle ein – die Kranken, die Lahmen, die Bettler, jeden, der kommen will.«
So machten sich die Diener auf den Weg und sahen einen Bettler. »He, du da, der König hat dich zur Hochzeit seines Sohnes eingeladen.«
»Der König? Mich eingeladen? Ihr seid verrückt.«
»Doch. Du bist eingeladen.«
Alle waren eingeladen. Sie konnten es nicht glauben, aber sie gingen hin. Bei einem jungen Mann war es anders.
»Hat der König mich eingeladen?« fragte er.

»Ja, dich auch.«
»Ah, ich hab doch schon immer gewußt, daß ich wer bin«, sagte er bei sich selbst. Deshalb ging er schnell nach Hause und nahm den besten Anzug, den er hatte, bügelte ihn noch mal auf, kämmte und parfümierte sich. Aber als er bei der Hochzeit angekommen war und eintreten wollte, sagte man ihm: »Moment mal, wohin willst denn du?«
»Ich will zu der Hochzeit.«
»Da mußt du erst einmal in den Raum dort drüben gehen und das Kleid in Empfang nehmen, das der König für dich für die Hochzeit reserviert hat.«
»Ich brauche kein Kleid. Ich habe doch meinen eigenen Anzug an.«
»Das tut uns leid, aber für diese Hochzeit mußt du unbedingt das Kleid anziehen, das der König für dich reserviert hat.«
»Dies hier sind meine besten Sachen und bessere gibt es überhaupt nicht. Ich behalte das jetzt an, was ich anhabe.«
So begab er sich in den Festsaal. Er sah dort die Gäste, die in Samt und Seide gekleidet waren. Seine Sachen wirkten daneben wie schmutzige Lumpen. Plötzlich kam er sich schrecklich minderwertig vor.
»Das ist ja furchtbar. Was soll ich tun?«
Er versuchte, sich zu verstecken, aber das war unmöglich. Er stand wie auf dem Präsentierteller, und wir wissen, wie das Ganze ausging. Er wurde hinausgeworfen.

Was für ein Kleid hast du an?
Sei vorsichtig ... du solltest lieber das Kleid nehmen, das der König bereithält. Es ist das Kleid der Rechtfertigung durch Jesus Christus. Nur dieses Kleid zählt, nicht deine Lehrmeinungen oder die Benennung deiner Gemeinde. Wir sind gerechtfertigt nicht durch uns selbst, nicht weil wir zu einer besonderen Denomination gehören, sondern einzig und allein durch das Blut Jesu.
Wir beten doch: »Vergib uns unsere Schuld, wie wir vergeben unseren Schuldigern.« Uns wird auf derselben Basis

vergeben, auf der wir selbst auch vergeben sollen. Und welche Basis ist das? Es ist das Blut des Lammes. Uns ist vergeben worden, weil Jesus sein Blut vergossen hat. Und wir vergeben andern, weil sie auch unter dem Blut Jesu stehen.

Der Vater hat mich angenommen und begnadigt wegen Jesu Blut durch Gnade.

Es ist nicht entscheidend, was ich tue oder denke. Er hat mir vergeben um Jesu willen. Und du mußt mich aus demselben Grund akzeptieren. Das bedeutet auch, daß du mir alle meine falschen Lehrmeinungen vergibst, und ich muß sie dir vergeben. Ich vergebe dir, wenn du der Episkopalkirche angehörst, wenn du Baptist oder Lutheraner bist. Ich vergebe dir, und du vergibst mir.

Wenn wir uns so anschauen – und wenn Jesus der Zielpunkt unserer Aufmerksamkeit ist – dann können wir gar nicht anders, als uns gegenseitig zu lieben und zu akzeptieren.

Spaltung und Uneinigkeit treten dort auf, wenn zu dem Glauben an Jesus noch andere »Erfordernisse« hinzugefügt werden. Wenn aber Jesus allein der Mittelpunkt unseres Lebens ist, dann werden wir eins sein, wie er es gewollt hat. Dann wird die Welt an unserer Liebe zueinander erkennen, daß Jesus heute wirklich lebt.

16. Warum liebt uns Gott?

Vielen von uns fällt es sehr schwer, andere zu lieben.
Aber Liebe ist für den Christen ein Befehl. Sie ist nicht in unser Belieben gestellt, sondern sie ist uns gewissermaßen verordnet. Jesus sagt in Johannes 13, 34: »Ein neu Gebot gebe ich euch, daß ihr euch untereinander liebet, wie ich euch geliebt habe, damit auch ihr einander liebhabet.«
Einer der Gründe, weshalb wir Schwierigkeiten haben, andere zu lieben, liegt in der Tatsache begründet, daß wir nicht wirklich um die Tiefe der Liebe Gottes zu uns wissen.
Deshalb wollen wir uns genauer anschauen, wie Gott uns liebt. Wenn wir wirklich erkennen, wie Gott uns liebt, dann werden wir auch lernen, wie wir andere lieben sollen. Wir sollen nämlich den andern so lieben, wie Gott uns liebt.
Es gibt viele Schriftstellen, die wir hier zugrunde legen könnten, um Gottes Liebe zu studieren, aber ich möchte eine herausgreifen, die in meinem eigenen Leben eine sehr große Bedeutung erlangt hat.
Es ist die Stelle in Kolosser 2, 13–14:
»Und er hat euch mit ihm lebendig gemacht, die ihr tot waret in den Sünden und in eurem unbeschnittenen Fleisch, und hat uns vergeben alle Sünden. Getilgt hat er den Schuldbrief, der wider uns war und durch die Satzungen gegen uns stand, und hat ihn aus der Mitte getan und an das Kreuz geheftet.«
Weißt du nun, wann Gott anfing, dich zu lieben?
»Und er hat euch mit ihm lebendig gemacht, *die ihr tot waret«* . . . Was für ein Anfang!
Der hilfloseste und unattraktivste Zustand eines Menschen ist, wenn er sich in der Verwesung befindet und schrecklich stinkt. Aber darüber hinaus waren wir nicht nur tot; wir waren tot in unseren Sünden. Das ist also nicht das Bild

eines toten Menschen, der in einem hübschen, mit Seide drapierten Sarg liegt: Hier haben wir eine Leiche vor uns, die in Kot und Schmutz liegt.
Aber obwohl wir so unattraktiv waren, hat Gott uns geliebt. Er hat nicht eine nett aussehende Person geliebt, die unter dem Arm eine Bibel und in der Hand einen Kassettenrekorder hält. Nein, er hat eine im Schmutz liegende Leiche geliebt.

Ich habe mich einmal ganz bewußt gefragt: »Warum liebt mich Gott?« Sehr viele Menschen haben über diese Frage immer wieder nachgedacht. Inzwischen glaube ich, den Grund zu verstehen. *Gott liebt mich, weil er mich geschaffen hat, und weil ich sein Kind bin.*
Sind Kinder perfekt? Sind sie niemals ungehorsam? Sind sie immer sauber und ordentlich? Nein, natürlich nicht.
Aber warum liebst du deine Kinder, sofern du welche hast? Du liebst sie, weil sie deine Kinder sind. Manchmal stellen sie sehr schlimme Sachen an, aber du liebst sie trotzdem. Sie verschütten ihre Milch auf dem Teppich, bemalen die Wände, schreien nachts, benehmen sich daneben, wenn du Gäste hast . . . aber du liebst sie trotzdem.
Es gibt kein Geheimnis um deine Liebe zu ihnen – du liebst sie, weil du gar nicht anders kannst als sie zu lieben. Deshalb sei auch nicht überrascht, daß Gott dich liebt. Du gehörst zu ihm. Und er liebt dich trotz allem Negativen an dir.
Wenn du das erfaßt hast, daß Gott dich liebt so wie du bist, dann fängst du an dich zu entspannen.
Das Wissen, daß du angenommen und geliebt bist, gerade so wie du bist, nimmt alle Spannung aus deinem Verhältnis zu ihm.
Genauso sollten wir uns auch gegenseitig lieben – so wie wir sind. Wir sollten uns nicht nur gegenseitig lieben, wenn der andere gut, richtig oder nett ist, sondern einfach weil wir Geschwister – Kinder Gottes – sind.

Gott liebt uns, weil er uns geschaffen hat, und weil wir sein sind. Wir sollten uns gegenseitig lieben, weil wir Geschöpfe Gottes sind, und nicht nur aufgrund irgendwelcher wünschenswerter Qualitäten. Wenn Gott unser Verhalten, unsere Leistungen, unsere Art und unsere Lehrmeinungen berücksichtigen würde, dann müßte er uns hassen! Aber er liebt uns, weil wir seine Geschöpfe sind. Und wir sind alle Brüder und Schwestern ein und derselben Familie.

Gott liebt uns auch, weil er uns das Leben gegeben hat. Nehmen wir an, du hättest ein Kind, das gestorben ist, du hättest aber die Kraft, es aufzuerwecken, würdest du es nicht tun? Natürlich würdest du es tun. Dann wundere dich nicht, daß Gott es getan hat, weil er die Allmacht hat. Als wir tot waren, gab er uns das Leben, weil wir seine Kinder sind.

Warst du schon einmal über deine Kinder entsetzt? Bestimmt.

Gott ist auch oft entsetzt über uns. Einmal war er so entsetzt über seine Kinder, daß er eine große Flut geschickt hat, in der die meisten von ihnen ertranken. Es reute ihn, daß er sie geschaffen hatte.

Dasselbe habe ich bei Eltern beobachtet, deren Kinder von der Polizei verhaftet wurden, weil sie Drogen genommen und gestohlen haben, um ihre Sucht zu befriedigen.

»Es tut mir leid, daß ich überhaupt Kinder habe«, hörte ich sie sagen. Später aber sahen sie ihre Kinder in einem andern Licht und waren nicht mehr traurig, daß sie ihnen das Leben geschenkt haben.

Dasselbe gilt für Gott.

Es kam nämlich ein Tag, an dem Gott eine zweite Flut schickte. Diese Flut löste das Problem mit seinen Kindern ein für alle Mal.

Die zweite Flut war das Blut Jesu, das am Kreuz von Golgatha geflossen ist. Es war Gottes Plan, jeden Menschen in Christus an das Kreuz zu heften. Deshalb sagte Paulus in Galater 2, 19–20: »Ich bin mit Christus gekreuzigt. Ich lebe;

doch nun nicht ich, sondern Christus lebt in mir.« Und weiter in 2. Korinther 5, 14: »Wenn einer für alle gestorben ist, so sind sie alle gestorben.«

Jesus starb nicht um seiner selbst willen. Er hätte nicht geboren werden müssen und auch nicht zu sterben brauchen. Er hatte es nicht nötig, erlöst zu werden. Er hatte keine Sünden, für die er hätte büßen müssen. Er lebte ohne Sünde. Er wurde von einer Jungfrau geboren, so daß ihn auch die sogenannte Erbsünde von Adam her nicht belastet hat. Darum konnte er das fleckenlose Lamm Gottes sein. Wäre er selbst ein Sünder gewesen, dann hätte er nicht für unsere Sünden bezahlen können. Sein Tod galt nur uns.

Das Kreuz war eine damals übliche Form der Exekution. Die Römer töteten Zehntausende von Menschen an Kreuzen. Viele von ihnen starben unschuldig als Märtyrer. Der Unterschied bei Jesu Tod war, daß dieser Tod aus Gottes Blickwinkel nicht der Tod seines Sohnes war, sondern daß es dein und mein Tod war, der in Christus am Kreuz geschah. Darum mußte sich Gott auch von seinem Sohn abwenden. Jesus hatte sich mit der Gesamtheit der menschlichen Rasse total identifiziert. Er ist die Sünde in Person geworden. Er, der ohne Sünde war, wurde für uns zur Sünde gemacht.

Jesus hat freiwillig unseren Platz eingenommen, indem er unseren sündigen Zustand auf sich nahm. In Gottes Augen war er nun schuldig, obwohl er selbst ohne Schuld war.

Es ist sehr wichtig, daß wir das wirklich begreifen. Denn wenn du zum Kreuz schaust und Jesus dort mit der Dornenkrone hängen siehst, und du sagst nur: »Armer Jesus!«, dann betrachtest du ihn lediglich als Märtyrer. Aber wenn du zum Kreuz schaust und im Glauben das erkennst, was Gott tatsächlich an das Kreuz geheftet hat, dann siehst du dich selbst. Und wenn du dich selbst am Kreuz entdeckst, dann wird Jesus für dich dein Erlöser.

Du warst das Problem, mit dem Gott fertig werden wollte! Und bei dieser zweiten Flut wurde niemand ausgeklammert – auch nicht Noah. Von den ersten menschlichen Wesen im

Garten Eden bis zu der letzten Person, die heute noch nicht geboren ist, wurden alle in Christus an das Kreuz geschlagen. Du und ich waren noch nicht geboren, als Jesu Kreuzestod stattfand, aber wir waren trotzdem dort, weil der Vorgang am Kreuz die gesamte, gefallene Menschheit betrifft. Das ist die zweite Flut, bei der Gott mit jedem fertig wurde.

Als Jesus sagte: »Es ist vollbracht«, da meinte er, daß das Problem Juan Carlos Ortiz erledigt ist. Juan Carlos Ortiz war das Problem, aber Gott wurde mit diesem Problem fertig, indem er mich in Christus am Kreuz tötete.

Gott hat am Kreuz alle Probleme bewältigt, auch die größten.

Aber wir waren nicht nur in Christus als er starb, wir waren auch in Christus bei der Auferstehung. Das will uns die Taufe veranschaulichen.

Das Problem ist nur, daß viele von uns nicht verstehen, was Taufe bedeutet. Viele versuchen, daraus nur eine emotionale Erfahrung herzuleiten, weil sie meinen, daß wir bei der Wiedergeburt etwas fühlen müßten. Mache Prediger versuchen, die Emotionen so anzuheizen, daß die Anwesenden anfangen zu weinen. Das nimmt man dann als Beweis für die Wiedergeburt.

Das ist aber völlig unsinnig. Ich für mein Teil ziehe einen Menschen mit trockenen Augen einem mit tränenfeuchten Augen vor, weil derjenige, der nicht zu sehr ins Emotionale abrutscht, vielleicht besser begreift, was sich an ihm vollzieht.

Unsere Taufe bringt zum Ausdruck: Wir glauben, daß wir in Christus gekreuzigt und in ihm begraben wurden und in ihm auch auferstanden sind. Wir brauchen nun nicht mehr die Kreuzigung, Beisetzung und Auferstehung am eigenen Leibe zu durchleiden. Wir brauchen nur noch das im Glauben anzunehmen, was in Christus schon geschehen ist.

Wenn Gott es sagt, dann können wir es glauben; wir

brauchen nicht auf Gefühle zu warten. Diejenigen, die ihren Glauben von Gefühlen abhängig machen, haben vielleicht überhaupt keinen Glauben. Aber wenn wir unseren Glauben auf Tatsachen gründen, dann ist das eine sichere Grundlage.

Du sagst doch auch nicht: »Ich fühle heute, daß Washington der erste Präsident der USA war.« Die Tatsache seiner Präsidentschaft hat nicht das Geringste mit deinen Gefühlen zu tun. Genauso sagst du doch auch nicht: »Ich fühle heute, daß Dienstag ist.« Ob du es fühlst oder nicht, es ist Dienstag.

Wer den Glauben von Gefühlen abhängig macht, der baut auf Sand. Wer den Glauben auf die Tatsachen gründet, die nach Gottes Wort für uns in Christus geschehen sind, der baut auf ein solides Fundament, das niemals wanken wird.

Von Gottes Standpunkt aus sind wir an das Kreuz geheftet, weil wir in Christus sind.

Paulus drückt das sehr einfach aus, wenn er im 5. Kapitel des Römerbriefes von den zwei verschiedenen Prototypen der Gattung Mensch spricht. Adam ist der Prototyp des alten Menschen. Christus, der zweite Adam, ist der Prototyp des neuen Menschen. Unter Adam sind alle Menschen Sünder, aber durch Christus können alle Menschen gerecht gemacht werden durch den Glauben.

Von den ersten menschlichen Wesen, die auf dieser Erde gelebt haben, bis zu den letzten, die leben werden, sind wir alle durch Adam als Sünder deklariert – wiederum sind alle, die glauben, durch Christus als Gerechtfertigte deklariert.

Als Jesus starb, so berichtet es die Bibel, ist er auch hinabgestiegen in die Tiefen der Erde und hat denen gepredigt, die vor seinem Kreuzestod gestorben sind. Das bedeutet, daß das Kreuz Jesu für die ganze Menschheit wirksam geworden ist.

Wegen der Sünde Adams bin ich zum Sünder erklärt worden; durch die Erlösungstat Jesu bin ich aufgrund des Glaubens als Gerechtfertigter erklärt worden.

Ich möchte hier besonders herausstellen, daß ich Sünder

geworden bin ohne mein Zutun, daß ich aber ebenso auch gerecht geworden bin ohne mein Zutun.
Die Bibel sagt: »Als wir tot waren, gab er uns Leben.« Ein toter Mensch kann sich nicht selbst helfen.
Eigentlich sollten wir mit der Tatsache, daß wir schon als Sünder geboren wurden, keine Probleme haben; denn schon vom Beginn unseres Lebens ist Ungehorsam vorhanden.
Eins der ersten Worte, das Kinder sprechen lernen, ist »Nein!« Noch nie hat ein Kind von Anfang an gesagt: »Ja, natürlich, du hast recht.« Wir sind schon von Geburt an voller Rebellion und Verwegenheit.
Aber die Bibel sagt in 2. Korinther 5, 17: »Darum ist jemand in Christus, so ist er eine neue Kreatur; das Alte ist vergangen, siehe, es ist alles neu geworden.«
Wenn wir an Christus glauben, werden wir Teil einer neuen Menschlichkeit. Was er vollbracht hat durch seinen Tod und seine Auferstehung wird für unser Leben zu einer Realität durch den Glauben. Genau in dem Augenblick, in dem wir an Jesus glauben, fängt das Leben für uns von vorne an – der alte Mensch ist tot und eine neue Person ist geschaffen worden.

Nun laß uns überlegen, was unser Tod bedeutet.
Im Vers 19 in dem obigen Kapitel schreibt Paulus weiter: »Denn Gott versöhnte in Christus die Welt mit ihm selber und rechnete ihnen ihre Sünden nicht zu und hat unter uns aufgerichtet das Wort von der Versöhnung.« Er hat uns unsere Sünden vergeben. Wie viele Sünden hat er vergeben? Alle!
Weißt du, was dieses *Alle* bedeutet? Es ist das *Alle* Gottes, und das unterscheidet sich von deinem *Alle* und meinem *Alle* grundlegend.
Wenn ich zu jemand sage: »Bruder, ich vergebe dir alles, was du mir angetan hast«, so ist doch damit gemeint, daß ich ihm alles das vergebe, was ich weiß, wenn ich das auch nicht ausdrücklich sage.
Wenn ich morgen eine andere schreckliche Sache entdecke,

die er getan hat, stelle ich ihn wieder zur Rede: »Und was ist damit?«
Wenn Gott *alle* sagt, dann weiß er wirklich um alles. Sein *alle* ist größer als unser *alle.* Er kennt das Detail einer jeden Sünde, die wir je begangen haben, noch viel besser als wir es selbst wissen.
So ist es einleuchtend, daß wenn ich sage: »Ich vergebe dir alles«, das bedeutet, alles bis zu dem gegenwärtigen Augenblick. Aber von nun an, wehe! Bei Gott ist das anders. Gott kennt auch die Zukunft. Er weiß auch um das, was wir noch an Sünde in unserem Leben begehen werden. Als er uns in Christus erlöste, war er sich dieses Problems voll bewußt. Er wußte schon damals alles über uns vom Anfang bis zum Ende unseres Lebens.
Gott ist ein ewiges Wesen. Für eine ewige Person gibt es keine Vergangenheit und auch keine Zukunft. Für ihn ist alles Gegenwart.
Weil wir begrenzt sind, gibt es für uns Vergangenheit, Zukunft und Gegenwart. Gott aber sieht alles in der Gegenwart.
Daher kommt es, daß er dir etwas, was erst in tausend Jahren geschehen wird, in einer Vision oder durch eine Prophetie zeigen kann.
Gott braucht nicht bis zum Ende des Jahres zu warten, um seinen Jahresgeschäftsabschluß zu machen, wie du und ich. Er kann mit seiner Buchführung schon anfangen, bevor das Jahr beginnt. Er weiß alles im voraus – das bezieht sich jetzt auf dich und mich, nicht auf ihn; denn für ihn gibt es kein »im voraus«. Er lebt nicht in Tagen und Nächten. Bei ihm sind tausend Jahre wie ein Tag.
Einstein hat gesagt, daß man immer in der Gegenwart leben könnte, wenn es möglich wäre, sich mit Lichtgeschwindigkeit fortzubewegen. Aber Gott ist der Vater des Lichts und der Schöpfer des Lichts, und er ist der, der gesagt hat: »Es werde Licht.« Er lebt in einer anderen Dimension, wo der Faktor Zeit keine Rolle spielt.

Gott ist natürlich der einzige, der wirklich in der Gegenwart lebt. Für uns gibt es im Grunde genommen die Gegenwart überhaupt nicht. Wir haben nur die Vergangenheit und die Zukunft. Wenn ich sage: »Ich lebe in der Gegenwart«, dann ist diese Aussage schon während ich sie mache, wieder Vergangenheit. Ja selbst wenn ich den Wortteil *wart* ausspreche, ist der Wortteil *Gegen* schon Vergangenheit. Um perfekte Gegenwart zu erleben, müßten wir die Zeit stoppen können, aber in der Dimension, in der wir leben, können wir das nicht.
Somit ist die wirkliche Gegenwart allein das Vorrecht Gottes.

Für Gott gibt es keine Zukunft. Sein Name ist: »Ich bin«. Eben dieser Name spricht von der ewigen Gegenwart. Jesus hat auch gesagt: Bevor Abraham war, bin ich.«

Weil wir in der Dimension der Zeit leben, würden wir jetzt argumentieren: »Herr, du kennst die Grammatik nicht. Du solltest sagen: ›Bevor Abraham war, war ich.‹«
»Nein ›bin ich‹ ist schon richtig«, würde er antworten.
»Aber bevor Abraham war, das ist doch Vergangenheit, deshalb mußt du sagen: ›War ich‹.«
»Was meinst du mit ›Vergangenheit‹?«

Du siehst, für Gott gibt es keinen Zeitbegriff. Alles ist vollkommen gegenwärtig. Deshalb hat Jesus auch gesagt: »Siehe, ich bin bei euch allezeit, sogar bis ans Ende des Alters.« Er hat nicht gesagt: »Ich werde bei euch sein.« Nein, er hat gesagt: »Ich bin.« Die Bibel beschreibt uns als solche, die in den Himmeln *sind*.

»Herr, was für ein Fehler. Du meinst doch wohl, daß wir in den Himmeln sein werden, nämlich in der Zukunft; denn jetzt sind wir ja noch nicht in den Himmeln!«
»Nein, ich meine, ihr seid. Ich meine die Gegenwart.«

Wir werden ebenso Vorherbestimmte, Herausgerufene und Gerechtfertigte genannt – mit allem können wir übereinstimmen. Aber es heißt auch: »Verherrlichte.« Da haben wir Einwände.

»Verherrlicht? Nein, doch jetzt noch nicht, Herr.«
»Doch, jetzt. Ihr seid verherrlicht.«
»Wie kannst du das sagen, Herr?«

Gott lebt in dem ewigen Reich, das wir in unserem natürlichen Zustand nicht wahrnehmen können. Trotzdem ist das ewige Reich eine Realität, und zwar realer als die »reale« Welt, die uns umgibt.
Wenn wir sterben, verlieren wir unser Bewußtsein von Raum und Zeit und treten ein in die Dimension Gottes. In dieser Dimension ist Jesus das Lamm Gottes, geopfert vor Grundlegung der Welt, weil es für ihn keine andere Zeit als die absolute Gegenwart gibt.
Glaubst du, daß Jesus deine Sünden hinweggenommen hat, als er am Kreuz starb? Natürlich glaubst du das. Wie war das möglich, du warst doch noch gar nicht geboren. Wie konnte er das dann schon für dich tun? Wie konnte er für die Sünde büßen, die du noch nicht einmal begangen hattest?
Gott lebt in der absoluten Gegenwart, deshalb wußte er schon um deine Sünden, bevor du sie in der Dimension von Raum und Zeit begangen hast. Er kannte sie alle. Meinst du, daß du in diesen Tagen eine Sünde begehen könntest, die Gott überraschen würde?
Kannst du dir vorstellen, daß Gott sagen müßte: »Ach du Schreck, ich habe ja ganz vergessen auch diese Sünde ans Kreuz zu heften!« Nein, das kann nicht geschehen. Es wird dir nicht möglich sein, das ewige *ich bin* zu überraschen.
Wenn Gott dich gerufen hat, dann entspanne dich. Er wußte, wen er sich mit dir beruft. Er weiß alles über dich vom Beginn deines Lebens bis zu seinem Ende. Und er hat dir alle deine Übertretungen vergeben.

Eines Tages hatte ich eine Offenbarung, in der mir die Bedeutung des Wörtchens *alle* in meinem eigenen Leben bewußt wurde.
Über viele, viele Jahre habe ich an schwerer Migräne gelitten. Weißt du, was eine Migräne ist? Diejenigen, die nichts damit zu tun haben, können es nicht wissen. Es ist ungefähr so wie mit den Alleinstehenden, die meinen zu wissen, wie man Kinder erzieht. Selbst wenn sie sich bestimmte Regeln angelernt haben, wissen sie es doch nicht. Eine Migräne ist jedenfalls ein schreckliches Leiden.
Ich hatte sie gewöhnlich zwei- oder dreimal in der Woche. Sie fing um 5.30 Uhr morgens mit einem leichten Ziehen in der Stirn an, breitete sich um die Augen herum aus und steigerte sich zu schraubstockartigen Schmerzen, begleitet von Übelkeit und Erbrechen, erhöhtem Puls und häufigen Ohnmachtsanfällen. Es hat Zeiten gegeben, in denen ich fast bis zum Wahnsinn getrieben wurde. Ich konnte es nicht einmal mehr in meinem abgedunkelten Zimmer aushalten. So ging ich hinaus und wurde ohnmächtig.
Dreimal wurde ich auf der Kanzel ohnmächtig und mußte ins Krankenhaus gebracht werden.
Es erübrigt sich zu sagen, daß ich die besten Ärzte in Argentinien, Nordamerika und Europa aufsuchte. Ich hatte auch befreundete Ärzte in der Gemeinde. Sie taten, was in ihrer Macht stand. Am Ende schickten sie mich zu einem Psychiater. Der verschrieb mir Valium. Ich nahm es eine Zeitlang, bis ich mich entschloß, es nicht mehr länger zu schlucken. Aber die Migräne kam weiter und wurde immer schlimmer.
Kurze Zeit nachdem ich das Buch *»Er ist Herr« geschrieben hatte, war ich wieder einmal zu Hause und las in meinem persönlichen Bibelstudium die Passage in Kolosser 2.*

Ich sagte: »Herr, heißt das, daß du mir sogar die Dinge vergeben hast, die ich noch gar nicht begangen habe? Dann würde das bedeuten, daß du mich akzeptierst so wie ich bin!«

Gott schien mir zu antworten: »Du willst Prediger sein und weißt das noch nicht einmal? Wie dumm bist du doch!«

Tatsächlich hatte ich schon darüber gepredigt. Ich war sogar für den Römerbrief in unserem Seminar zuständig. Aber obwohl ich es in meinem Kopf wußte, war es noch nicht bis in mein Herz eingedrungen. Ich verstand zwar, daß ich nicht durch meine Leistung, sondern durch Jesus Frieden mit Gott habe. Ich hatte aber noch nicht begriffen, daß der einzige Weg zum Frieden mit mir selbst auch nur über Jesus führt, und nicht über meine eigene Leistung.

An diesem Tag sprach der Heilige Geist noch weiter zu mir: »Weißt du, was dein Problem ist, Juan Carlos? Du hast dich selbst nicht so angenommen, wie du bist.«
»Moment mal«, warf ich ein. »Wie kann ich mich akzeptieren, ich kenne mich doch selbst viel zu gut? Ich kann mich gar nicht akzeptieren. Vielmehr bin ich entsetzt über mich. Mein Charakter weist große Schwächen auf. Nein, ich kann mich nicht selbst annehmen!«
Da schien der Herr ein bißchen über mich entsetzt zu sein. »Wenn das Blut Jesu, meines Sohnes, für mich ausreicht, wer bist dann du, daß du meinst, es sei nicht auch gut genug für dich?« Er forderte mich heraus. »Bist du besser als ich?«
Nun fing ich an zu begreifen, daß Annahme nichts zu tun hat mit Leistung. Ganz gleich wie schlecht ich bin, das Blut Jesu reicht aus. Und wenn Gott mir vergeben und mich so wie ich bin angenommen hat, dann tat auch ich gut daran, mich selbst zu akzeptieren.
»Weißt du, Juan Carlos«, fuhr der Herr fort, »ich kenne dich besser als du dich selbst kennst. In Wirklichkeit bist du noch viel schlimmer als du meinst. Aber ich habe dich angenommen – nicht wegen deiner Leistung, sondern wegen des Blutes Jesu. Obwohl ich alle deine Fehler kenne, habe ich sie alle vergeben bis hin zu dem Tag, an dem du sterben wirst. Wenn du dir nicht selbst alle deine Fehler vergibst – nicht nur einige,

sondern alle – und wenn du dir nicht selbst das Versprechen gibst, daß auch du dir selbst immer vergeben willst, dann wirst du nie Frieden mit dir haben.«

Weißt du, woher innerer Friede kommt? Er kommt, wenn man sich selbst annimmt.
Weißt du, warum wir mit den Leuten um uns herum so viele Probleme haben? Diese Probleme sind eine Reflektion der Probleme, die wir mit uns selbst haben. Und die Probleme, die wir in uns und mit uns haben, sind wieder eine Reflektion unseres Mangels an Glauben, nämlich daß unser Problem mit Gott völlig und ein für alle Mal gelöst ist.
Ein häufig zitierter Reim lautet: »Christi Blut und Gerechtigkeit, das sind mein Schmuck und Ehrenkleid. Darin kann ich vor Gott bestehen ...« Ich schaue jetzt nicht mehr auf meine Leistung, ich schaue auf das, worauf Gott schaut – auf das Blut Jesu.
Als ich das begriffen hatte, sagte ich zu mir selbst: »Johnny Ortiz, vergib mir. Ich war so unmöglich zu dir. Ich habe dir Wunden zugefügt. Ich habe dich manchmal sogar gehaßt. Ich war wie ein Masochist. Immer habe ich versucht, dich zu verdammen. Kein Wunder, daß du weinen und Depressionen und Schlaflosigkeit durchleiden mußtest. Aber nun tut es mir leid; Juan Carlos, ich vergebe dir alles aus der Vergangenheit, Gegenwart und sogar aus der Zukunft. Ich habe dir vollkommen vergeben.«
So nahm ich Juan Carlos in den Arm, und wir gingen gemeinsam zu Bett und schliefen schnell ein.
Drei Wochen später sagte ich: »Wo sind eigentlich meine Migräneanfälle geblieben?«
Jahre sind inzwischen vergangen, und ich habe nicht eine einzige Migräne mehr gehabt!
Als ich Frieden mit mir machte, waren sie vollkommen verschwunden.
Weißt du, warum wir manchmal keine Heilung empfangen

können? Weil wir uns nicht mit der Ursache auseinandersetzen, nämlich mit unserem Mangel an Frieden.
Ich war zu den Ärzten gelaufen, aber auch zu vielen, die durch Glauben heilen. Jeden, mit dem ich in Kontakt kam, bat ich um Gebet. Es waren einige große Gottesmänner unter ihnen. Aber nichts rührte sich.

Stell dir vor, du hättest einen Nagel in deinem Schuh, der bei jedem Schritt in den Fuß sticht.
Du humpelst in großem Schmerz herum und bettelst jeden an: »Bruder, bitte bete für meinen Fuß.«
Und obwohl einer nach dem andern betet, passiert nichts. Was ist die Antwort? Du mußt den Nagel herausziehen. Ist das nicht einfach?
Kein Wunder, daß die Bibel sagt: »Die Strafe liegt auf ihm für unser Wohlergehen, und durch seine Wunden sind wir geheilt.« In der King-James-Version wird das Wort Wohlergehen mit »Frieden« übersetzt. Unsere Gesundheit steht in direktem Zusammenhang mit unserem inneren Frieden. Jesus hat den Nagel aus dem Schuh herausgezogen!
Nicht noch so intensives Gebet oder Konsultationen bei Ärzten konnten mich heilen. Mein Problem war mein Mangel an Selbstannahme. So hörten mit demselben Tag, an dem ich mich selbst annahm, meine Migräneanfälle auf. Ich vergab mir alle meine Schuld, so wie Gott mir vergeben hatte.
Und als ich Frieden fand, fand ich auch Gesundheit.

17. Ja, aber ich liebe dich

Wenn manche Leute hören, daß uns alle unsere Sünden vergeben worden sind, fragen sie: »Gut, wenn der Herr mir schon alles vergeben hat, und wenn sogar die Sünden, die ich noch gar nicht begangen habe, schon getilgt sind, warum soll ich mich dann so anstrengen, nicht zu sündigen?«

Das ist nachdenkenswert. Gott hat niemals beabsichtigt, daß wir uns mit der Frage aufreiben und zermartern, ob wir sündigen oder nicht.

Als Paulus sich mit dieser Frage auseinandersetzte, betonte er, daß wir dumm wären, wenn wir dächten, daß eine Person, die der Sünde gestorben ist, weiter darin leben könnte. Er hat nicht gesagt: »Oh, seid bloß vorsichtig! Das ist gefährlich. Ihr solltet mit aller Gewalt versuchen, nicht in Sünde zu fallen.«

Nein, er hat gesagt: »Es ist unmöglich für jemanden, der tot ist, in der Sünde weiterzuleben.«

Die Gnade Gottes hat zwei Dimensionen.

Eine Dimension ist die Vergebung all unserer Sünden.

Die andere Dimension finden wir in Hesekiel 36, 26–27: »Und ich will euch ein neues Herz und einen neuen Geist in euch geben und will das steinerne Herz aus eurem Fleisch wegnehmen und euch ein fleischernes Herz geben. Ich will meinen Geist in euch geben und will solche Leute aus euch machen, die in meinen Geboten wandeln und meine Rechte halten und danach tun.«

Wir empfangen den Heiligen Geist, und die Frucht des Geistes ist Liebe, Freude, Frieden, Geduld, Freundlichkeit, Gütigkeit, Glaube, Sanftmut, Keuschheit; und weiter heißt es in Galater 5, 23: »Wider solche ist das Gesetz nicht.«

Deshalb braucht der, der das neue Herz hat, nicht irgendein Gesetz, weil der Heilige Geist das Gesetz entbehrlich

macht. Deshalb hat Jesus gesagt, daß das ganze Gesetz und die Propheten erfüllt sind in dem einen Wort: Liebe.
Paulus erklärt das in Römer 13, 9–10: »Denn was da gesagt ist: ›Du sollst nicht ehebrechen; du sollst nicht töten; du sollst nicht stehlen; dich soll nichts gelüsten‹ und was noch mehr geboten ist, das wird in diesem Wort zusammengefaßt: ›Du sollst deinen Nächsten lieben wie dich selbst.‹ Die Liebe tut dem Nächsten nichts Böses. So ist nun die Liebe des Gesetzes Erfüllung.«
Die Frucht des Geistes veranlaßt uns, das zu tun, worauf das Gesetz abzielt und dazu noch eine ganze Menge mehr. Dieser Tatbestand macht das Gesetz unnötig.
Wir empfangen ein neues Herz, um in Heiligkeit zu leben und alle Früchte des Geistes hervorzubringen. Uns steht auch die Vergebung durch das Blut Jesu deshalb zur Verfügung, damit wir sicher sind, daß wir niemals – nie und nimmer – die von Gott gegebene Erlösung verlieren können.
Warst du schon einmal in einem Zirkus, oder hast du vielleicht eine Zirkusvorstellung im Fernsehen gesehen?
Das Spektakulärste im Zirkus sind die Vorführungen am Trapez. Es ist atemberaubend zu beobachten, wie die Artisten von einer Stange zur andern schwingen, ganz hoch oben im Zelt. Sie werfen einen Menschen dem andern zu, und du fragst dich unwillkürlich: »Was passiert, wenn sie abstürzen?«
Ich habe einmal einen Artisten gefragt: »Wie kommt es, daß alles so perfekt abläuft? Sie fallen doch niemals.«
»O doch, wir fallen«, erklärte mir dieser Künstler. »Wir fallen in fast jeder Show.«
»Aber ich habe Sie nie fallen sehen.«
»Doch, Sie haben uns zwar fallen sehen, aber Sie haben es nicht bemerkt, weil wir es lernen, zu fallen und uns darauf einzustellen. Im Fallen fangen wir uns, und die Leute denken, das sei auch ein Teil der Show.«
Gott hat uns ein neues Herz gegeben und den Heiligen

Geist, damit wir im Geist leben können – so wie ein Artist am Trapez.
Wir sollten Schaustücke für alle Welt sein, besonders für unsere Nachbarn, so daß sie sagen: Schaut euch diese Leute an. Seht, wie sie sich lieben. Sie kritisieren nie jemanden. Sie lieben sogar ihre Feinde. Sie sind die besten Nachbarn. Keiner kann eine Klage gegen sie vorbringen. Und sie sind die besten Arbeiter in der Fabrik, die loyalsten Verwalter, die besten Rechtsanwälte. Seht euch an, wie nett ihre Frauen sind und wie gehorsam ihre Kinder.«
Natürlich sind wir noch nicht perfekt. Aber wenn wir im Geist leben, können wir uns schnell wieder fangen, weil es das Leben Jesu ist, das die Leute sehen und nicht unser eigenes.
Wenn wir ausrutschen und fallen, haben wir ein Netz unter uns. Das Blut unseres Herrn Jesu Christi hält für unser ganzes Versagen die Vergebung bereit. Wenn wir tausendmal fallen, wird er uns tausendmal aufhelfen, solange es unser ernstes Bemühen ist, oben zu bleiben.
Wenn nun ein Artist ins Netz fällt und sich im Netz schlafen legen würde, dann möchte ich gern wissen, wie lange er beim Zirkus bleiben würde. Er wäre ein unrentabler Künstler.
Aber wenn du wirklich in Heiligkeit leben möchtest – oben bleiben wie am Trapez, d. h. daß du dich im Fallen wieder fängst – dann mußt du wissen, daß es unter dir ein Netz gibt.
Die Artisten am Trapez können sich entspannen, weil sie wissen, daß es ein Netz unter ihnen gibt. Wäre kein Netz unter ihnen, wären sie angespannt und ängstlich.
Wenn wir aber angespannt und furchtsam sind, ist es viel wahrscheinlicher, daß wir fallen.
Diejenigen, die in ständiger Angst vor dem Fallen leben, werden feststellen, daß sie andauernd fallen.
Diejenigen, die verbittert bemüht sind, in Heiligkeit zu leben, werden feststellen, daß das sehr schwierig ist.
Aber diejenigen, die nicht ständig krampfhaft um ein Leben

in Heiligkeit kämpfen, sondern entspannt leben, werden wirkliche Heiligkeit ausstrahlen. Heiligkeit ist eine Gabe, die nicht aus unserem eigenen Bemühen erwächst. Sie ist eine Gabe Gottes – der Heilige Geist in uns tut die Arbeit Jesu. Preis dem Herrn für seine wundervolle Liebe! Er vergab uns alle unsere Fehltritte. Er hat unter uns ein Netz ausgebreitet, damit wir uns entspannen können. Und er sagt uns, daß wir einander lieben sollen, wie er uns geliebt hat.

Bist du dazu bereit? Oder versuchst du, deinem Bruder das Netz wegzuziehen? Wenn er dann fällt, dann schreist du: »Er ist gefallen. Jetzt lassen wir ihn für immer fallen!«

Warum ist es für einen Menschen, der wirklich in Christus ist, unmöglich, in einem Leben der Sünde zu verharren? Einfach deshalb, weil Jesus mit der Wurzel unseres Problems fertig geworden ist. Du und ich, wir sind die Wurzeln unseres Problems; und als Jesus am Kreuz gestorben ist, sind wir mit ihm gestorben. Nicht nur unsere Sünden sind ans Kreuz geheftet worden, nein, wir selbst!

Und weil er mit unserem Problem fertig geworden ist, kann er noch mehr tun. In Kolosser 1, 21–22 steht: »Auch euch, die ihr vormals ihm fremd und feindlich gesinnt waret in bösen Werken, hat er nun versöhnt mit dem Leibe seines Fleisches durch den Tod, auf daß er euch darstellte heilig und unsträflich und ohne Tadel vor seinem Angesicht.«

Im Himmel gibt es eine Akte über jedes Individuum, das je gelebt hat. Wir wissen nicht, wie Gott seine Buchführung erledigt; aber in der Bibel wird an vielen Stellen davon gesprochen, daß Gott Buch führt.

Auf der ersten Seite steht vielleicht mein Name mit genauen Angaben zur Person, um jeden Irrtum auszuschließen.

Auf der zweiten Seite stehen alle Gebote Gottes, besonders die Zehn Gebote. Dann ist vielleicht auf den nächsten Seiten jede Übertretung der Gebote registriert. Meine Akte ist bestimmt sehr dick!

Auf der letzten Seite steht dann das Schuldzertifikat.

Es lautet: »Weil Juan Carlos Ortiz das erste Gebot 8322mal übertreten hat, das zweite 5456mal, das dritte . . ., das vierte . . ., darum kommt Juan Carlos Ortiz direkt in die Hölle.« Weil ich, Juan Carlos Ortiz, aber mit Christus gestorben bin, hat Jesus meine Akte zur Hand genommen und einen großen Stempel mit seinem Blut befeuchtet und auf jede Seite der Akte das Wort »ungültig« gestempelt. Dann hat er die Akte weggeworfen, weil er nicht wollte, daß sich solcher Kehricht im Himmel befindet. So konnte niemand mehr Einblick nehmen. Und der sicherste Platz, an dem er die Akte verwahren konnte, war, sie ans Kreuz zu nageln.
Wenn Gott nun in den Akten des Himmels die Akte Juan Carlos Ortiz sucht, dann stellt er fest, daß gar keine vorhanden ist, und weiß, daß nichts gegen ihn vorliegt. Dann ist Gott hocherfreut über seinen Diener.

Preis dem Herrn, dies ist die Art, wie er dich und mich liebt. Nun haben wir vollkommenen Frieden mit Gott. Aber obwohl wir diese Dinge in unseren Liederbüchern stehen haben und sie von unseren Kanzeln gepredigt werden, leben doch viele von uns nicht so, als sei das eine Realität. Wir singen zwar: »Ich hatte eine Schuld, die ich nicht zahlen konnte . . .«; aber wir leben, als ob wir diese Schuld immer noch haben! Wir glauben nicht, daß wir völlig angenommen sind.
Zu mir kommen Leute und sagen: »Pastor Ortiz, könnten Sie bitte für meinen Mann beten?«
»Warum beten Sie nicht selbst für ihn?« frage ich.
»O nein, der Herr hört Sie bestimmt besser, denn Sie sind so heilig.«
Was besagt das, wenn jemand seinem Pastor weismachen will, daß der Herr ihn bestimmt besser hört? Es besagt, daß er davon ausgeht, selbst von Gott nicht so angenommen zu sein. Der Grund ist der, daß wir bei dieser Annahme von unserem Verhalten und von unserer Leistung ausgehen, und nicht von Gottes Zusage.

Satan weiß, wie leicht wir uns verdammt fühlen. So ist er schnell zur Stelle und läßt uns auf unsere Werke schauen. Aber wenn Gott uns nach unserer Leistung richten würde, wären wir alle verloren! Wir sind ausschließlich aufgrund des vergossenen Blutes Jesu angenommen.

Um uns auszutricksen hat Satan Fotokopien von unserer Akte gemacht, bevor Jesus die Akten im Himmel gelöscht hat. Natürlich sind sie nicht gültig; aber er versucht, uns damit zu narren.
Mich narrt er nicht mehr. Aber sei vorsichtig, er narrt viele Menschen. Satan nimmt meine Akte und zeigt sie dir, und er nimmt deine Akte und zeigt sie mir und versucht, uns zum Richten und Urteilen zu bringen.
Oh, Satan ist sehr clever. Er hat sogar versucht, Jesus ins Zweifeln zu bringen.
»Wenn du Gottes Sohn bist...«, hat er gesagt.
Er versucht, einen kleinen Zweifel in unserem Hinterkopf zu wecken, Gott könnte uns vielleicht doch nicht so angenommen haben, wie es immer in den Predigten gesagt wird.

Als ich so weit war und mich selbst angenommen und mir alle meine Sünden vergeben hatte, wie Gott sie mir zuvor schon vergeben hatte, zeigte mir Gott, daß ich auch meine Brüder und Schwestern, so wie sie sind, annehmen und ihnen alle ihre Sünde vergeben muß.
Ich habe die Bedeutung der Worte Jesu lernen müssen: »Und vergib uns unsere Schuld, wie wir vergeben unseren Schuldigern.«
»Herr, wie oft soll ich meinem Bruder vergeben, wenn er gegen mich sündigt?« ist Jesus gefragt worden.
Seine Antwort war 7 mal 70mal, das sind 490mal. Von Sonnenaufgang bis Sonnenuntergang ist das an einem Durchschnittstag alle 1½ Minuten einmal. Manche Mathematiker meinen, daß Jesus 7 hoch 70 gemeint habe. Das würde dann 2 Ziffern mit 54 Nullen ergeben. Um so viele Male vergeben

zu können, müßtest du Millionen von Jahren leben. Begreifst du, wie groß diese Vergebung ist? Es bedeutet, daß wir grenzenlos vergeben sollen.
Deshalb muß ich meine Schwester annehmen, nicht aufgrund ihres Benehmens, nicht wegen ihrer Lehrmeinung, sondern wegen des Blutes Jesu. Und ich akzeptiere sie, weil ich ihr all ihre Sünden vergebe.
Begreifst du, wie das Kreuz Christi die Einheit garantiert? Jesus hat am Kreuz die Schuld eines jeden Menschen ausgelöscht. Wenn wir also einen Bruder oder eine Schwester anklagen, klagen wir Menschen an, deren Schuld bereits getilgt ist. Wenn wir Schuld bei anderen suchen, verschwenden wir unsere Zeit. Die Gläubigen werden einmal alle zusammen im Himmel sein – wegen Jesus. Deshalb sollten wir lieber jetzt schon einander so akzeptieren wie wir sind.
Als ich mir selbst alle meine Sünden vergeben und mich angenommen hatte, schenkte mir Gott in der folgenden Nacht einen gesunden Schlaf. Beim Aufwachen am nächsten Morgen erklärte mir Gott, daß ich die andern Menschen nun auf derselben Basis annehmen müsse, wie er mich angenommen hat, und wie ich mich anzunehmen gelernt hatte.
Die erste Person, die ich dann so angenommen habe, wie sie ist, war meine Frau.
Wenn du dich verliebst, möchtest du so schnell wie möglich heiraten, um mit dem liebsten Menschen zusammensein zu können. Die Person, die du liebst, ist die wundervollste Person der Welt. Deshalb heiratest du also und fährst in die Flitterwochen.
Wenn du aber aus den Flitterwochen zurückkommst, sagst du: »Na gut, sie wird sich bestimmt noch ändern – wir haben ja gerade erst geheiratet.«
Während du das denkst, sagt sich deine Frau: »Ich hoffe, er wird sich noch ändern.«
Aber wenn ihr die 40 überschritten habt, sagt sie: »Er wird

sich nicht mehr ändern!« Und du erkennst, daß er sich, da er sich bis jetzt nicht geändert hat, nun wohl auch nicht mehr ändern wird. Deshalb müßt ihr lernen, euch gegenseitig anzunehmen, wie ihr seid.

Wir sind aber nicht nur eins in der Ehe, wir sind auch eins als Gläubige. Unser Einssein basiert auf der garantierten Vergebung unserer Sünden. Kein Wunder, daß Paulus gesagt hat: »Wer soll uns scheiden von der Liebe Christi? Wer soll die Auserwählten Gottes anklagen? Wer wird uns verdammen?« Was für eine Zusicherung!

Seit ich das begriffen habe, singe ich einige unserer Lieder in einer ganz neuen Weise.

Ich war gewöhnt zu singen: »Herrliche Gnade, die einen Elenden wie mich geliebt hat ...« Jetzt habe ich gelernt zu singen: »Herrliche Gnade, die einen Elenden wie meinen Bruder geliebt hat. Es war Gnade, die meinen Bruder bis hierher getragen hat und ihn auch weitertragen wird.«

Ich war auch gewöhnt zu singen: »So wie ich bin, ohne eine Schuld ...« Nun habe ich gelernt zu singen: »So wie mein Bruder ist, ohne eine Schuld ...«

So möchte ich dir eine Hausaufgabe aufgeben. Du könntest es zwar mit vielen Bibelstellen so machen, aber beginne mit dem ersten Kapitel des Epheserbriefes.

Wenn wir diese Stelle lesen, denkt jeder für sich, daß sie sich nur auf ihn bezieht. Aber ich fände es schön, wenn du dir vorstellen könntest, daß sie einem andern gilt. Ich glaube, daß dir das eine ganz neue Dimension in deinem Verhältnis zum Nächsten erschließen wird. Bei mir war es jedenfalls so.

Setze doch im Vers 3 des 1. Kapitels an die Stelle von »uns« den Namen einer bestimmten Person.

So würde es aussehen, wenn du meinen Namen einsetzt: »Gelobt sei Gott, der Vater unseres Herrn Jesus Christus, der Juan Carlos Ortiz gesegnet hat mit allerlei geistlichem Segen in himmlischen Gütern durch Christus. Denn in ihm hat er Juan Carlos Ortiz erwählt, ehe der Welt Grund gelegt war, daß Juan Carlos Ortiz sollte heilig und unsträflich sein vor ihm; in seiner Liebe hat er Juan Carlos Ortiz dazu verordnet, daß er sein Kind sei durch Jesus Christus nach dem Wohlgefallen seines Willens, zum Lob seiner herrlichen Gnade, mit der er Juan Carlos Ortiz begnadet hat in dem Geliebten.«

Wenn du Schwierigkeiten hast, jemanden anzunehmen, dann lies das ganze Kapitel und setze den Namen dieser Person ein.

Wußtest du, daß diese Person ein so wichtiger Mensch ist? Wenn wir die Namen anderer Menschen einsetzen, die wir nicht allzusehr lieben, würde sich unsere Haltung ihnen gegenüber grundlegend ändern.

Ich erzähle dir nicht etwas, was ich so ganz nett finde. Ich gebe hier eine ganz konkrete Lebenserfahrung weiter. Ich habe es so gemacht, und jetzt fällt es mir viel leichter, Menschen so anzunehmen, wie sie sind, selbst wenn sie als nicht liebenswürdig erscheinen.

Ich bin einmal einem Bruder begegnet. Zu dem habe ich gesagt: »Bruder, ich freue mich so, dich zu treffen. Preis dem Herrn!«

Der sagte darauf zu mir: »Verschwinde. Dich kann ich nicht ausstehen.«

Darauf antwortete ich: »Gut, aber ich liebe dich trotzdem.«

Da sagte er: »Du kannst mich nicht lieben, weil ich dein Feind bin.«

Darauf ich: »Halleluja! Danke, Herr, daß ich direkt vor mir einen Feind habe, den ich umarmen kann.«

Du machst nie etwas falsch, wenn du liebst.

Darum hat Jesus gesagt, daß wir unsere Feinde lieben sollen. Wir sollen den andern nicht lieben, weil er so liebenswürdig ist; wir sollen sogar die Unliebenswürdigen lieben. Wir sollen lieben, wie Gott uns geliebt hat. Die, die introvertiert sind, die scheu sind, die Komplexe haben, die wir lieber umgehen würden – genau das sind die Leute, die Gott liebt.

Und warum lieben wir sie eigentlich nicht?

Weil wir nur mit der Liebe lieben, mit der auch die Welt liebt. Und Jesus hat gesagt, daß wir, wenn wir nur die lieben, die uns lieben, nicht besser sind als die Welt, weil sie das auch tut. Wir müssen so lieben, wie er uns geliebt hat, einfach, weil er Liebe ist und in uns wohnt, um durch uns zu lieben.
Wenn du einmal die Tiefe der Liebe Gottes zu dir begriffen hast, wirst du imstande sein, auch dich selbst zu lieben und anzunehmen. Und wenn du dich selbst angenommen hast, wirst du auch imstande sein, andere zu lieben. Es wird kein Krampf sein. Es wird dir leichtfallen, weil Jesus, der Liebe ist, in dir wohnt. Du wirst gar nicht anders können als zu lieben.

Kein Wunder, daß Gott uns ein Gebot gegeben hat, so zu lieben, wie er uns geliebt hat. Jesus lebt in uns, und er will diese Liebe durch uns wirken.
Gepriesen sei Gott für seine grenzenlose Liebe!

Rolf Herdejost

GEMEINDE IN DER ERNEUERUNG

94 Seiten, Taschenbuch

Der Verfasser, Volksmissionar der Ev. Kirche Hessen, zeigt an Hand neutestamentlicher Grundlinien Möglichkeiten und Chancen für eine geistliche Erneuerung innerhalb der etablierten Volkskirche.

Aaron Linford

GOTTES GABEN SIND FÜR HEUTE

Eine Untersuchung der geistlichen Gaben

140 Seiten, Taschenbuch

Trotz der weltweiten charismatischen Aufbrüche herrscht auf dem Gebiet der Geistesgaben noch viel Unwissenheit, Unsicherheit und Verwirrung. Hier bedarf es einer klaren biblischen Grundlage. Dieses Buch ist das Ergebnis eines jahrzehntelangen, intensiven Bibelstudiums in Theorie und Praxis.
Aaron Linford, ein anerkannter britischer Bibellehrer, zeigt an Hand der Kirchengeschichte, daß geistliche Gaben zu allen Zeiten vorhanden waren, und er verweist darauf, daß laut Aussagen der Heiligen Schrift, diese Gaben bis zur Wiederkunft Christi in der Gemeinde wirksam werden. Präzise und wissenschaftlich fundiert definiert er die einzelnen Geistesgaben.

Andrew Murray

JESUS HEILT DIE KRANKEN

144 Seiten, Taschenbuch

Die Bücher Andrew Murrays zählen heute zu den kostbaren Schätzen christlicher Literatur. Nachdem er selbst nach zweijähriger Krankheitszeit Heilung erfuhr, schrieb er aus tiefer Überzeugung dieses Buch. Sein Fazit lautet: »Wo immer der Geist kräftig wirkt, da zeigen sich auch Glaubensheilungen.«